Marshall B. Rosenberg, Ph. D.

Vers une éducation au service de la vie

Traduit de l'américain par Paule Noyart

LES ÉDITIONS DE L'HOMME

Infographie: Chantal Landry

Catalogage avant publication de Bibliothèque et Archives Canada

Rosenberg, Marshall B.

Vers une éducation au service de la vie

(Parents aujourd'hui)

Traduction de: Life-enriching education.

1. Relations maîtres-élèves. 2. Communication en éducation. 3. Éducation affective. I. Titre. II. Collection

LB1033.R6614 2007 371.102'2 C2006-942216-8

01-07

L'ouvrage original a été publié
par PuddleDancer Press,
sous le titre *Life-Enriching Education*

Dépôt légal: 2007
Bibliothèque et Archives nationales du Québec

ISBN: 978-2-7619-2007-0

DISTRIBUTEURS EXCLUSIFS:

- Pour le Canada et les États-Unis:
  MESSAGERIES ADP*
  2315, rue de la Province
  Longueuil, Québec J4G 1G4
  Tél.: (450) 640-1237
  Télécopieur: (450) 674-6237
  * une division du Groupe Sogides inc.,
  filiale du Groupe Livre Quebecor Média inc.

- Pour la France et les autres pays:
  INTERFORUM editis
  Immeuble Paryseine, 3, Allée de la Seine
  94854 Ivry CEDEX
  Tél.: 33 (0) 4 49 59 11 56/91
  Télécopieur: 33 (0) 1 49 59 11 33
  Service commande France Métropolitaine
  Tél.: 33 (0) 2 38 32 71 00
  Télécopieur: 33 (0) 2 38 32 71 28
  Internet: www.interforum.fr
  Service commandes Export – DOM-TOM
  Télécopieur: 33 (0) 2 38 32 78 86
  Internet: www.interforum.fr
  Courriel: cdes-export@interforum.fr

- Pour la Suisse:
  INTERFORUM editis SUISSE
  Case postale 69 – CH 1701 Fribourg – Suisse
  Tél.: 41 (0) 26 460 80 60
  Télécopieur: 41 (0) 26 460 80 68
  Internet: www.interforumsuisse.ch
  Courriel: office@interforumsuisse.ch
  Distributeur: OLF S.A.
  ZI. 3, Corminboeuf
  Case postale 1061 – CH 1701 Fribourg – Suisse
  Commandes: Tél.: 41 (0) 26 467 53 33
  Télécopieur: 41 (0) 26 467 54 66
  Internet: www.olf.ch
  Courriel: information@olf.ch

- Pour la Belgique et le Luxembourg:
  INTERFORUM editis BENELUX S.A.
  Boulevard de l'Europe 117, B-1301 Wavre – Belgique
  Tél.: 32 (0) 10 42 03 20
  Télécopieur: 32 (0) 10 41 20 24
  Internet: www.interforum.be
  Courriel: info@interforum.be

Gouvernement du Québec – Programme de crédit d'impôt pour l'édition de livres – Gestion SODEC – www.sodec.gouv.qc.ca

L'Éditeur bénéficie du soutien de la Société de développement des entreprises culturelles du Québec pour son programme d'édition.

Le Conseil des Arts du Canada
The Canada Council for the Arts

Nous remercions le Conseil des Arts du Canada de l'aide accordée à notre programme de publication.

Nous reconnaissons l'aide financière du gouvernement du Canada par l'entremise du Programme d'aide au développement de l'industrie de l'édition (PADIÉ) pour nos activités d'édition.

PRÉFACE DE L'ÉDITION FRANÇAISE

Vivre au quotidien – au-delà de la satisfaction des besoins matériels de survie – semble bien consister pratiquement à accueillir et à respecter mutuellement nos peines et nos joies, nos frustrations et nos élans, à écouter, à comprendre et à gérer nos différends, nos tensions ou nos conflits intérieurs et extérieurs (qui naissent principalement entre nos besoins de liberté, de responsabilité, d'amour et de sens), à travailler en équipe ou à contribuer à des projets communs et, dans tout cela, à trouver du sens à notre vie et à la savourer.

Cette vie, le plus souvent, nous la vivons en portant au cœur l'un des rêves les plus répandus sur la planète : celui d'un monde où les relations humaines seraient fondées sur le respect et l'écoute mutuels, l'accueil et l'entraide bienveillante, la recherche de solutions gagnant-gagnant, d'une façon telle que l'épanouissement de chacun pourrait contribuer au bien-être commun.

Dès lors, il me paraît crucial, voire urgent, de nous poser à nous-mêmes cette question dont la vérité n'est pas nécessairement confortable à admettre : *notre façon d'être au monde témoigne-t-elle du monde dont nous rêvons ?*

Cette question entraîne, de façon presque incontournable, les interrogations suivantes :

- Quand avons-nous fait (ou quand ferons-nous) les apprentissages systématiques de base qui permettent d'intégrer et d'incarner la qualité d'être dont nous rêvons dans la vie quotidienne MALGRÉ son rythme, ses contrariétés ou ses absurdités?

• Espérons-nous sérieusement que la confusion et les violences évidentes que nous voyons et déplorons dans le monde puissent s'atténuer un jour sans que nous nous responsabilisions individuellement en acceptant de prendre conscience de la confusion et des violences subtiles – et souvent inconscientes – perpétuées par nos habitudes même de communication et d'éducation, et ce, malgré les belles intentions qui les sous-tendent?

• Déciderons-nous (et, si oui, quand?) d'instaurer de plus en plus de cohérence entre notre idéal, nos valeurs, notre vision et nos attitudes quotidiennes?

L'art de vivre ensemble, que Marshall Rosenberg propose d'intégrer dans la façon même d'enseigner ou d'éduquer, permet à l'école comme à la famille d'être les lieux d'apprentissage de cette cohérence, de cette conscience et de cette responsabilité individuelle.

Depuis que je me suis occupé de jeunes dits de la rue il y a plus de quinze ans, je sais que l'ennui, le découragement, le désarroi, la révolte et l'amertume s'enclenchent et s'enflent quand la vie, le vivant, l'élan vers la vie en nous ne sont pas reconnus, respectés, valorisés, encouragés ni orientés. Aujourd'hui, mon travail m'amène à rencontrer tous les jours de plus en plus de personnes – de tous les âges et de toutes les conditions – épuisées, usées, blessées, parfois traumatisées parce qu'elles n'ont jamais appris à respecter (ni à faire respecter), à valoriser, à encourager la vie, le vivant, l'élan vers la vie en elles.

Médecins, chefs d'hôpitaux, grands chirurgiens, infirmiers souffrant d'épuisement professionnel; ingénieurs, commerçants, avocats, chefs d'entreprise à bout de souffle; directeurs d'école, enseignants, éducateurs de rue au bord de la crise de nerf; parents et couples à bout, ados à cran, familles en guerre... La plupart ont fait des études, souvent même de hautes études, et chacun d'eux reconnaît ceci: «J'ai appris à faire, pas à être.»

C'est-à-dire: «Je suis compétent dans les actes à poser comme ingénieur, médecin, ou directeur d'école, mais je me sens incompétent dans l'écoute de la colère, l'accueil de la souffrance, la gestion bienveillante d'un conflit, l'énoncé d'une parole délicate et la clarification d'un choix difficile. Je viens donc faire un apprentissage de base que je n'ai fait à aucun moment dans mes études: apprendre à être ... avec moi-même, avec les autres et avec la vie!»

Moi-même, j'ai commencé ma vie professionnelle par le métier d'avocat et de conseiller juridique, sans jamais avoir reçu de cours de communication, d'écoute, a fortiori d'empathie, me permettant de mieux comprendre la «mécanique humaine». Je me suis donc retrouvé, dans la trentaine, coupé de moi, de mon élan vers la vie, embarqué dans le conditionnement à bien faire, à bien performer, à bien réussir. J'ai alors eu la chance de rencontrer Marshall Rosenberg et de me former avec lui à sa méthode.

Cette méthode de la Communication NonViolente (CNV) que propose Marshall Rosenberg – plus précisément la conscience que celle-ci permet d'éveiller en soi – m'a sauvé la vie au moment où je risquais de devenir ce qu'il appelle une «gentille personne morte» (*a nice dead person*). C'est dire combien je suis heureux et honoré de rédiger la préface de ce livre où il nous présente un mode d'éducation qui se met, pas seulement dans son intention mais dans sa cohérence, au service de la vie. C'est en effet la cohérence – particulièrement l'efficacité d'une attitude humaine qui demeure cohérente quoi que l'on traverse – qui m'a interpellé, moi, juriste pragmatique attaché davantage aux résultats concrets qu'aux belles notions.

Si aujourd'hui je suis aussi passionné par l'animation de conférences et de séminaires sur la CNV, c'est que je continue tous les jours de voir de «gentilles personnes mortes» revenir à la vie. Je vois des personnes qui s'expriment agressivement apprendre à être vraies avec bienveillance, des personnes timides découvrir l'affirmation, des personnes trop gentilles mettre de l'avant le respect de leurs limites, des personnes terrorisées par les conflits entrer dans des négociations difficiles, des personnes enfermées dans des habitudes sclérosantes retrouver leur élan et transformer leur vie ...

Ainsi, il me paraît qu'un effet de l'éducation encore largement en place est de rendre la personne performante et intégrée socialement, quitte à ce qu'elle soit malheureuse. (Son revers étant une éducation sans aucune limite qui prétend assurer le bonheur par la suppression des contraintes, au risque que la personne ait bien du mal à trouver du plaisir à s'engager et à s'intégrer.) L'éducation au service de la vie, elle, tient à prendre soin de la relation d'abord, en priorité. Elle prend soin de l'*être et de l'être ensemble, dans la conscience que lorsque l'être en nous est respecté, valorisé, encouragé, nous nous orientons naturellement vers l'accomplissement et l'appartenance.*

C'est personnellement ce dont je veux témoigner ici, en tant que conjoint, en tant que père et en tant qu'enseignant : lorsque la relation est privilégiée (et non pas la chose à faire), il se dégage un bien-être et une vitalité qui non seulement facilitent grandement la chose à faire, mais fondent le respect mutuel joyeux (et non forcé) en ouvrant chacun à la créativité et à l'inventivité.

Ce que propose ici Marshall Rosenberg me paraît aussi urgent et crucial pour l'avenir des relations humaines que les mesures contre le réchauffement de la planète sont urgentes et cruciales pour l'avenir de notre humanité. Je me demande en effet comment attendre des hommes qui n'ont pas appris à respecter (ni à faire respecter) leur propre nature qu'ils aient comme principe de vie de respecter et de faire respecter la Nature...

En se basant sur les trois piliers fondamentaux de l'enseignement que sont lire, écrire et calculer, et sur les différents savoirs et savoir-faire qui en résultent, l'école a la possibilité d'*enseigner un savoir-être essentiel pour notre espèce.*

Imaginez que les futurs citoyens du monde puissent faire, conjointement à l'apprentissage même de leur langue maternelle, l'apprentissage de la gestion non violente des conflits. Ce choix éducatif serait une conséquence évidente de la décision – visible dans l'attitude des parents et des enseignants – de respecter la vie, le vivant, l'élan vers la vie en chacune et chacun. N'avons-nous pas dans nos mains le pouvoir bien concret de transformer notre façon d'être au monde ?

Si j'en juge par les résultats plus qu'enthousiasmants des expériences en milieu scolaire aujourd'hui éprouvées, je peux vous assurer que ce que j'évoque là n'est pas de l'utopie ni de l'angélisme, c'est (tout simplement) de l'*apprentissage.*

Thomas d'Ansembourg

PRÉFACE DE L'ÉDITION ORIGINALE

Beaucoup d'entre nous reconnaissent la nécessité d'un changement radical dans l'enseignement. Nous voyons que la plupart des systèmes d'éducation actuels ne préparent pas les enfants à se mesurer aux défis sans précédent du XXIe siècle. Nous sommes convaincus qu'une véritable réforme de l'éducation est essentielle, si nous voulons que les enfants d'aujourd'hui et de demain vivent dans un monde plus pacifique, plus durable et plus juste.

Dans cet ouvrage, Marshall Rosenberg décrit les éléments clés de ce qu'il appelle une Éducation au service de la vie : une éducation qui prépare les enfants à apprendre, durant leur vie entière, à établir des rapports harmonieux avec les autres et eux-mêmes, à être créatifs, souples et entreprenants, et à avoir de l'empathie non seulement pour leurs proches, mais pour l'humanité tout entière.

L'enrichissement de la vie – l'épanouissement du mental, du cœur et de l'esprit – devrait être l'objectif de tout enseignement. Malheureusement, l'enseignement traditionnel a souvent entravé le mental, le cœur et l'esprit humain, plutôt que de les développer. Il s'est ingéré dans notre curiosité naturelle et dans notre joie d'apprendre, a réprimé notre pensée curieuse et critique, et a donné l'exemple de comportements insensibles et violents.

Heureusement, aujourd'hui, dans la plupart des écoles occidentales, on n'a plus recours à la violence envers les enfants, comme le voulait le vieux dicton «Qui aime bien châtie bien». Mais on utilise encore des méthodes destinées à préparer les gens à obéir aveuglément aux ordres venus d'en haut – que ceux-ci émanent d'enseignants dans les écoles, de chefs dans le milieu du travail, ou de responsables d'un gouvernement.

Le programme scolaire, lui aussi, présente souvent la violence et la domination comme normales, voire souhaitables – comme dans les cours d'histoire où les enfants doivent mémoriser des dates de batailles et de guerres, et dans les cours de littérature où on leur fait lire des épopées dans lesquelles conquérir par la violence représente l'idéal du courage et de l'héroïsme. La structure scolaire elle-même est bien souvent encore de type hiérarchique, l'éducation y est «appliquée aux élèves», plutôt que «réalisée avec les élèves».

Ce mode d'éducation, de contenu et de structure est approprié pour ce que j'ai appelé le modèle de domination – dans lequel les familles, les lieux de travail, les tribus et les États sont organisés selon une hiérarchie de domination rigide, s'appuyant au bout du compte sur la peur et la force. Il ne s'agit pas d'une éducation appropriée pour des sociétés démocratiques, équitables et pacifiques – des sociétés orientées vers ce que j'appelle le modèle de partenariat, et que Rosenberg appelle une structure au service de la vie.

Il est évident qu'un mouvement considérable en faveur de l'abandon de ce modèle de domination a déjà eu lieu, au moins dans certaines régions du globe. S'il n'en avait pas été ainsi, nous ne pourrions même pas parler d'un changement radical du système éducatif sans prendre le risque de conséquences graves, pouvant aller jusqu'à la mort – comme ce fut le cas à l'égard de la liberté de pensée et de parole dans l'Europe du Moyen Âge – et comme c'est encore le cas de nos jours dans de nombreuses régions de la planète.

Mais ce mouvement vers l'avant n'a pas été linéaire. Non seulement il s'est heurté à chaque étape à de féroces résistances, mais il a aussi été jalonné de régressions vers le modèle de domination. Nous vivons actuellement dans le monde l'une de ces régressions - une régression vers davantage d'inégalités, de violences, d'exploitation et de domination sur les hommes et l'environnement, plutôt que l'inverse. C'est la raison pour laquelle l'application des méthodes d'éducation préconisées par la Communication NonViolente de Marshall Rosenberg est si importante, urgente, et opportune.

Marshall Rosenberg est considéré dans le monde entier comme un pionnier de la résolution NonViolente des conflits. Il a consacré ces quarante dernières années à développer et appliquer la Communication NonViolente en tant qu'outil favorisant l'émergence de relations au sein desquelles toute personne est traitée avec attention et empathie. Dans ce livre, il nous explique comment utiliser cette méthode dans les écoles. Il montre également son efficacité pour préparer les jeunes à travailler dans un esprit de coopération, à résoudre les conflits de façon NonViolente, et à contribuer au bien-être - au leur et à celui de leurs semblables -, de manière empathique et aimante.

Une des spécificités les plus remarquables du travail de Rosenberg est cette mise en relief de l'attention, de l'empathie et de la non-violence - caractéristiques qui, dans les cultures orientées vers la domination, sont reléguées aux personnes exclues de la direction de la société, c'est-à-dire les femmes ainsi que les hommes «efféminés». Marshall est conscient que ce sont précisément ces caractéristiques qu'il s'agit de cultiver, tant chez les garçons que chez les filles, et il nous montre comment y arriver grâce à des méthodes éprouvées et efficaces qui permettent aux jeunes de vivre un partenariat dans l'action.

Cette expérience est importante pour tous les enfants. Ils s'épanouissent lorsqu'ils découvrent les relations de partenariat, décrites par Marshall dans cet ouvrage, qui visent à se rendre la vie plus agréable. L'expérimentation de ces relations est particulièrement importante pour les enfants qui n'ont, dans leur foyer, leur quartier ou leur pays, que deux choix possibles : dominer ou être dominés. Cela leur montre qu'il existe une alternative plus attrayante et qui fonctionne bien mieux pour tous.

Les écoles dans lesquelles élèves et enseignants communiquent en partenaires et où le type d'éducation préconisée par Marshall fait partie intégrante de toute interaction sont des communautés d'apprentissage, plutôt que des usines impersonnelles où ceux qui sont au sommet prennent le pouvoir sur ceux qui sont au bas de l'échelle. Les jeunes commencent à y percevoir l'école comme un lieu d'exploration où partager ses ressentis et ses idées, un lieu sûr et passionnant où chacun est reconnu et apprécié, et où l'esprit humain est nourri et s'épanouit.

Et ce n'est pas tout. Lorsque les jeunes ont la possibilité de vivre des relations basées sur le respect mutuel et la bienveillance, non seulement leur bien-être, leur apprentissage et leur épanouissement personnel s'en trouvent favorisés, mais un virage vers une société moins violente, plus équitable, attentionnée et véritablement démocratique est alors amorcé.

En cette ère d'armes nucléaires et biologiques, l'humanité se trouve à un carrefour de son évolution. Au niveau actuel de notre développement technologique, la violence chronique et l'absence de bienveillance et d'empathie nécessaires aux relations basées sur le modèle de domination menacent notre propre survie.

D'un côté se trouve la voie de la régression vers une domination encore plus rigide – familiale, scolaire, religieuse, économique et politique.

De l'autre se trouve la voie menant à un avenir de partenariat bienveillant, plus équitable et moins violent. Le mouvement en faveur de ce partenariat ne fait que croître depuis plusieurs siècles, en partie à cause de la déstabilisation des mœurs et des institutions. Cette déstabilisation a été provoquée par les changements technologiques, eux-mêmes occasionnés par le basculement progressif des cultures agraires vers le monde industriel. Aujourd'hui, le changement rapide des technologies industrielles en technologies post-industrielles déstabilise encore plus les vieilles croyances et institutions, ouvrant ainsi de plus larges possibilités à des changements positifs. Cependant, plutôt que d'encourager ce mouvement, l'enseignement l'entrave encore trop souvent.

La question la plus fondamentale pour notre avenir consiste à savoir quel type de culture transmet l'enseignement. S'agit-il d'une éducation menant vers une culture de partenariat et de paix, dans le but d'enrichir la vie ? Ou d'une éducation conduisant vers une culture de domination et de violence ?

En tant que mère et grand-mère, je ressens l'extrême urgence de soutenir l'accélération de ce changement global vers le partenariat. Mon expérience de vie et mes recherches m'ont appris que réaliser des changements radicaux n'est pas facile. Mais je sais aussi qu'on peut le faire. Du reste, des changements de ce type ont déjà été accomplis, sinon nous serions en train de vivre dans un monde où toutes les femmes et une partie des hommes occuperaient encore « leur place » dans les hiérarchies rigides d'une structure de domination. En travaillant ensemble, nous pouvons créer des cultures qui encouragent la réalisation de nos potentiels les plus élevés – nos merveilleuses capacités de générosité, d'empathie et de créativité –, plutôt que de les inhiber. Ce livre, inspiré par les nombreuses années du travail de pionnier de Marshall Rosenberg sur une communication NonViolente au service de la vie, peut nous aider à transformer l'éducation, de sorte que cette tâche urgente progresse.

RIANE EISLER

Le Calice et l'Épée, de Riane Eisler, a été publié en français (dans la traduction d'Éléonore Bakhtadhze) aux Éditions R. Laffont, à Paris, en 1989. Riane Eisler est également l'auteur de *Tomorrow's Children* et *The Power of Partnership.*

AVANT-PROPOS

Cela fait un certain temps que l'instruction publique concentre son attention de manière soutenue sur le choix des programmes scolaires que l'on pense être utiles aux élèves. L'Éducation au service de la vie se base sur le principe que les relations entre enseignants et élèves, entre élèves, ainsi qu'entre les élèves et les matières qu'ils étudient, sont d'une importance équivalente pour la préparation de leur avenir.

Les enfants ont besoin de bien autre chose que de cultiver des connaissances de base telles que la lecture, l'écriture et les mathématiques, aussi importantes celles-ci fussent-elles. Ils ont aussi besoin d'apprendre comment penser par eux-mêmes, comment trouver un sens aux matières qui leur sont enseignées, et comment travailler et vivre ensemble. Cet ouvrage donnera aux professeurs, aux directeurs d'école et aux parents des compétences accrues dans le domaine du langage et de la communication ; ils recevront des moyens pour mettre en place des structures d'apprentissage soutenant tout à la fois le développement de l'autonomie et de l'interdépendance dans les salles de classe. Ce savoir-faire permettra de préparer les élèves à vivre dans le monde dont ils vont hériter.

Mon expérience dans les écoles aux États-Unis

Depuis quarante ans, je conseille des enseignants et des directeurs d'établissements scolaires publics et privés, de la maternelle à l'université. Au cours de ces années, j'ai aidé ces personnes à intégrer dans leur programme ce processus d'enseignement que j'appelle une Éducation au service de la vie.

J'ai commencé à travailler dans des écoles de St. Louis, dans le Missouri, au début des années soixante, en même temps que j'exerçais ma profession de psychologue dans le privé. Une grande partie des personnes qui faisaient appel à mes services étaient des parents d'enfants qui avaient des problèmes d'apprentissage et de comportement, au regard des normes établies par les autorités scolaires. En collaborant avec les écoles de ces enfants, j'ai commencé à comprendre que la façon dont elles étaient structurées générait de la souffrance pour la grande majorité des enseignants et des élèves. Je constatai que l'encouragement d'un esprit de compétition empêchait les élèves de se relier de bon cœur les uns aux autres.

J'ai rarement vu les membres du personnel scolaire comme étant le problème. En travaillant dans les écoles, tout au long de ces années, j'ai été impressionné par la grande majorité des enseignants et des responsables scolaires auxquels j'ai eu affaire. J'ai été touché par leur sollicitude à l'égard des élèves et par le zèle qu'ils démontraient, en s'efforçant encore et encore de fournir des occasions d'apprendre susceptibles d'enrichir la vie de leurs étudiants. J'ai constaté que ces enseignants et ces directeurs étaient tout aussi malmenés que les élèves par les structures d'enseignement existantes.

Le fait que je devenais de plus en plus conscient que ces structures d'enseignement soutenaient des valeurs qui n'étaient pas en harmonie avec les miennes m'a amené à rechercher des alternatives à ces structures. Avec un professeur qui avait participé à des séminaires de Communication NonViolente, Bill Page, j'ai exploré une approche différente de l'enseignement. Il s'agissait d'une approche dans laquelle les enseignants établissaient une relation de partenariat avec leurs élèves, dans le cadre d'un programme destiné à promouvoir la coopération plutôt que la compétition.

Les responsables de l'école où enseignait Bill se sont montrés réticents à cautionner cette approche dans le contexte d'une classe normale, mais lui ont donné l'autorisation de la tenter avec des élèves considérés comme perturbateurs et qui ne faisaient de toute façon pas leur travail scolaire. Nous avons identifié soixante de ces élèves : trente d'entre eux, sélectionnés au hasard, allèrent dans la classe de Bill et les autres demeurèrent dans leurs classes habituelles. À la fin de l'année scolaire, les résultats des examens démontrèrent que les élèves de la classe de Bill avaient fait beaucoup plus de progrès que ceux restés dans les classes traditionnelles. Et lorsque ces élèves réintégrèrent les classes normales, ils eurent beaucoup moins de difficultés, au cours des quatre années suivantes, que ceux des autres classes.

Mon exploration d'approches alternatives a été encouragée grâce à la chance que j'ai eue de travailler avec Tom Shaheen, un visionnaire, directeur de plusieurs établissements scolaires de Rockford, dans l'Illinois. Lui et la responsable de l'une de ces écoles, JoAnn Anderson, travaillaient à la création d'un système scolaire encourageant le respect de la diversité, l'autonomie et l'interdépendance. J'ai été invité à me joindre à eux dans cette aventure, en participant à la formation des professeurs. Dans la première école créée dans le cadre de ce projet, les résultats scolaires furent remarquables, le vandalisme se réduisit de façon significative, et ce programme reçut le prix national d'excellence en éducation.

C'est à cette époque que l'administration Johnson a entamé sa *Guerre contre la Pauvreté*. Ce projet a alloué des subventions aux écoles situées dans les zones défavorisées, en vue d'y créer des programmes novateurs, et j'ai été invité à participer à plusieurs de ces programmes dans différentes villes des États-Unis.

Offrir une éducation au service de la vie partout dans le monde

Depuis ces années-là, j'ai continué à assister régulièrement des établissements scolaires désireux d'instaurer des programmes prônant le respect de la diversité, ainsi que le développement de l'autonomie et de l'interdépendance, non seulement aux États-Unis, mais également dans plusieurs autres pays.

Il y a quelques années, la directrice d'une école en Israël, Miri Shapiro, ayant entendu parler de ces nouveaux programmes scolaires, m'a invité à appuyer ses efforts pour créer un programme similaire dans son école. La réussite que l'école de Miri a connue a amené l'Union européenne à financer un programme permettant de mettre sur pied quatre autres écoles similaires en Israël, et quatre dans les territoires palestiniens. En raison du succès remporté par ces établissements, Miri a été nommée directrice d'une commission nationale pour la prévention de la violence à l'école. Elle a entre-temps transmis la formation que je lui ai donnée à des directeurs, des enseignants, des parents et des élèves dans plus de 400 écoles en Israël.

Des écoles dispensant une Éducation au service de la vie, également subventionnées par l'Union européenne, ont été fondées aussi en Italie et en Serbie.

Dans les chapitres qui suivent, vous aurez l'occasion de développer une conscience des valeurs que l'Éducation au service de la vie a pour intention de soutenir, en découvrant:

- des compétences pour s'exprimer de façon à favoriser ce type d'éducation ;
- des compétences pour établir une relation empathique avec les autres, dans ce même but ;
- des moyens de susciter des partenariats enrichissants entre élèves, enseignants, directeurs d'école et parents ;
- des moyens de créer une communauté d'apprentissage au service de la vie et dans laquelle chacun contribue à l'instruction et au bien-être de chacun ;
- des moyens permettant de maintenir l'ordre et la sécurité dans les écoles à partir d'une énergie au service du vivant ;
- mon rêve de voir des écoles proposer cette Éducation au service de la vie et la manière de commencer cette transformation.

MARSHALL ROSENBERG
Reigoldswil, Suisse

[…] Permettez-moi de vous rappeler qu'information n'est pas connaissance, que connaissance n'est pas sagesse, que sagesse n'est pas prescience. L'une découle de l'autre et nous avons besoin de toutes.

– Arthur C. Clarke

CHAPITRE 1

VERS UNE ÉDUCATION AU SERVICE DE LA VIE

Introduction

J'aimerais vous proposer une vision de ce que pourrait être l'avenir de l'éducation dans ce pays. Je vais décrire dans cet ouvrage un processus d'éducation qui peut servir non pas l'ordre arbitraire et l'autorité, mais la vie elle-même. Dans ce rêve à grande échelle, il est question de vivre dans un monde dans lequel l'obéissance à l'autorité n'est plus un objectif majeur. Avant de commencer, nous devons savoir quel est notre rêve – notre but ultime. Le mien – qui est fondamentalement celui de tout être humain, à ce que je crois – est un monde nourri et porté par des organisations au service de la vie.

J'aimerais enseigner aux enfants de cette génération et des générations à venir la façon de créer de nouvelles organisations dont l'objectif sera de répondre aux besoins des êtres humains – un objectif qui permettra à chaque enfant de faire de sa vie une aventure plus belle pour lui-même et ceux qui l'entourent. J'ai donné au processus pédagogique permettant de réaliser cet objectif le nom d'*Éducation au service de la vie.* Je donne à son opposé le nom d'*Éducation de domination.*

Des organisations au service de la vie

Les organisations au service de la vie se caractérisent par une impartialité et une équité dans la distribution des ressources et des privilèges. Les personnes qui occupent des postes à responsabilités y *servent* les groupes qu'elles représentent, plutôt que de vouloir exercer un contrôle sur ceux-ci. La nature des lois, des mesures et des règlements y est définie par consensus, elle est bien comprise et l'on s'y conforme de son plein gré.

Les organisations au service de la vie, qu'elles soient familiales, scolaires, institutionnelles ou gouvernementales, valorisent le bien-être de chacun des membres de la communauté ou de l'organisation, ainsi que la qualité des liens entre les différents membres d'un groupe.

Les liens au service de la vie ont trois caractéristiques :

1. Les personnes sont en lien empathique avec les sentiments et les besoins de chacun – elles ne se font pas de reproches, et ne permettent pas à des jugements insinuant qu'il y a eu faute de détériorer leur relation.
2. Les personnes sont conscientes de la nature interdépendante de leurs relations, et accordent la même importance à la satisfaction des besoins des autres qu'à la satisfaction des leurs – elles savent que leurs besoins ne peuvent être comblés aux dépens d'autrui.
3. Les personnes prennent soin d'elles-mêmes et des autres et ont pour seule intention le désir de se rendre la vie plus belle – elles ne se forcent pas et n'utilisent aucune forme de

contrainte motivée par la culpabilité, la honte, le devoir, l'obligation, la peur de la punition, pas plus qu'elles n'agissent à partir de l'espoir d'une récompense venant de l'extérieur.

Comparer le rêve au cauchemar

Peut-être que la meilleure façon de décrire mon rêve d'organisations au service de la vie est de le faire contraster avec le cauchemar des organisations de domination.

ORGANISATIONS DE DOMINATION	ORGANISATIONS AU SERVICE DE LA VIE
Objectif : • Démontrer qui a raison et qui a tort • Obtenir ce que l'on veut • Obéir à l'autorité	**Objectif :** • Rendre la vie plus belle • Veiller à ce que les besoins de chacun soient satisfaits • Se relier à soi-même et aux autres
Motivation : • Punition, récompense, culpabilité, honte, obligation, devoir	**Motivation :** • Contribuer au bien-être de tous • Recevoir librement des autres
Évaluation : • Étiquettes, jugements	**Évaluation :** • Qu'est-ce qui satisfait les besoins humains et qu'est-ce qui ne les satisfait pas ? • Qu'est-ce qui peut nous rendre la vie plus belle, à toi comme à moi ?

Dans une organisation au service de la vie, nous obtenons ce que nous voulons, mais jamais au détriment de quiconque – obtenir ce que nous voulons aux dépens de quelqu'un ne peut nous satisfaire. Notre objectif, dans une organisation au service de la vie, est bien plus beau : exprimer nos besoins sans blâmer qui que ce soit, avoir une écoute respectueuse des besoins d'autrui, tout cela sans que personne ne renonce à quoi que ce soit ni ne cède. Le résultat est une qualité de connexion grâce à laquelle les besoins de chacun peuvent trouver leur assouvissement.

Une éducation au service de la vie

Les élèves bénéficiant du programme scolaire que j'ai en tête apprendraient à valoriser leur autonomie et leur interdépendance tout en acquérant les compétences organisationnelles nécessaires pour mettre sur pied des systèmes au service du vivant.

Ce que l'on observerait dans de telles écoles :

- Des enseignants et des élèves travaillant en partenariat, définissant leurs objectifs ensemble et de manière consensuelle.
- Des enseignants et des élèves parlant une langue dynamique. Celle que j'enseigne s'appelle la Communication NonViolente, elle porte notre attention sur : 1) les sentiments et les besoins qui habitent chaque personne et 2) les actes concrets qui permettent de satisfaire au mieux ces besoins – sans que cela se fasse aux dépens de qui que ce soit.
- Des élèves motivés par une soif d'apprendre et non par la peur d'une punition ou la promesse d'une récompense.
- Des tests de niveau passés en début de période scolaire, afin de déterminer les besoins des élèves – plutôt qu'en fin de période, dans le but de décerner une récompense ou d'infliger

une punition. Des notes remplacées par une évaluation de l'apprentissage des élèves, décrivant ce qu'ils ont appris, à savoir les compétences et connaissances qu'ils maîtrisent.

- Une communauté d'apprentissage interdépendante, visant à encourager les élèves à prendre soin les uns des autres et à s'entraider dans leurs études plutôt qu'à être en compétition pour un nombre limité de récompenses – une communauté dont l'objectif commun serait d'aider chaque élève à atteindre ses objectifs.
- Tous les règlements et règles établis sous forme consensuelle par les personnes directement concernées, soit les élèves, enseignants, parents et directeurs d'établissement. La force utilisée uniquement pour protéger (par exemple la santé et la sécurité), mais jamais dans l'intention de punir.

Changer le système

Ce que je préconise n'est pas simplement un nouveau programme scolaire, un horaire quotidien différent, un réaménagement de la salle de classe, ou des techniques d'enseignement novatrices. Un grand nombre d'entre vous avez déjà essayé de mettre en œuvre les idées que j'expose dans cet ouvrage et, collectivement, nous les avons essayées toutes. Ce sur quoi j'insiste ici est un changement de valeurs, un changement de la totalité du système sous-jacent, quelque chose d'aussi radical que cela !

Les personnes que je rencontre sont assoiffées de voir un tel changement, terriblement assoiffées même ! Elles réalisent, tout comme Morrie Schwartz dans le best-seller de Mitch Albom, *La dernière leçon*, que « la culture qui est la nôtre ne permet pas aux individus d'être bien dans leur peau. Nous n'y enseignons pas les bonnes choses. Il s'agit d'être assez fort pour déclarer qu'on n'y adhère pas, si elle ne fonctionne pas. Que l'on crée la nôtre. La plupart des gens ne peuvent faire cela.»

Seuls, nous n'y parvenons peut-être pas, mais le premier pas à faire, pour l'avènement d'une culture au service de la vie, est d'avoir la bonne volonté de l'imaginer; peut-être qu'ensemble alors nous y arriverons.

La CNV dans l'enseignement

PARTAGER LE TERRAIN

Une formatrice en Communication NonViolente (CNV) enseignait cette méthode aux professeurs et élèves d'une école primaire. Un jour, alors qu'elle était dans la cour de récréation, un conflit éclata entre deux groupes de garçons. Cet incident lui fournit l'occasion de démontrer comment arbitrer un conflit, en utilisant les compétences acquises en CNV, et comment aider les protagonistes à être à l'écoute de leurs sentiments et besoins respectifs.

L'incident s'était produit vers la fin de la pause de midi. Un petit groupe de professeurs bavardait avec la formatrice dans le préau. Deux garçons âgés de dix à douze ans vinrent en courant vers elle. Le visage du plus grand était rouge de colère. Il serrait un ballon contre lui. L'autre, plus petit, pleurait.

La formatrice en CNV se tourna d'abord vers le garçon qui tenait le ballon et essaya de deviner les sentiments qui l'animaient: Tu as l'air très agité et fâché!

Le premier garçon: Oui. Je voulais jouer, mais à cause de lui (*montrant l'autre garçon du doigt*), j'ai pas pu!

La formatrice en CNV (repérant ses besoins et les reflétant): Tu voulais donc jouer et passer du temps avec tes amis, et ça n'a pas été possible?

Le premier garçon : Ouais, il est arrivé et il a arrêté notre jeu, il voulait prendre le ballon et nous lui avons dit plein, plein de fois de s'en aller ! Ce n'est pas leur tour de jouer maintenant.

La formatrice en CNV (se tourne vers le deuxième garçon afin de voir s'il est en mesure d'entendre les besoins du premier) : Peux-tu me dire ce que tu as entendu des besoins qu'il a exprimés ?

Le deuxième garçon : Ben, ils veulent pas jouer avec nous.

La formatrice en CNV (s'adresse à nouveau au deuxième garçon) : Je vois que tu es frustré, toi aussi ; néanmoins, j'aimerais que tu me dises dans tes mots à toi ce que tu as entendu qu'il disait.

Le deuxième garçon : Qu'ils ne veulent pas être dérangés quand ils jouent.

La formatrice en CNV : C'est ce que j'ai entendu aussi. Et maintenant, j'aimerais entendre ce que ça te fait.

Le deuxième garçon : On veut jouer ! Mais juste parce qu'ils sont plus grands que nous, ils nous laissent jamais le terrain !

La formatrice en CNV (se tournant vers le premier garçon) : Alors, qu'as-tu entendu ?

Le premier garçon : Ben, ils veulent jouer, mais c'est pas leur tour.

La formatrice en CNV : Un moment, s'il te plaît. Est-ce que tu pourrais juste me répéter ce qu'il a dit à l'instant ?

Le premier garçon : Ben, il voudrait jouer aussi...

La formatrice en CNV : Donc, ce que j'entends, moi, c'est que vous voulez tous les deux jouer. Et vous aimeriez avoir votre mot à dire pour savoir quand et comment vous pouvez avoir accès au terrain.

Le deuxième garçon : Mais c'est pas juste ! Rien que parce qu'ils sont plus grands, ils font toujours ce qu'ils veulent !

La formatrice en CNV (à l'écoute des besoins du deuxième garçon) : Donc, tu aimerais du respect ? De l'équité ?

Le deuxième garçon : Oui.

La formatrice en CNV: J'en déduis que tu aimerais avoir un temps équivalent pour jouer sur le terrain. Est-ce que cela répondrait à ton besoin de respect et d'équité?

Le deuxième garçon: Oui.

La formatrice en CNV (se tournant vers le premier garçon): J'imagine que toi aussi, t'as besoin d'équité?

Le premier garçon: Ben ouais!

La formatrice en CNV: Je me demande si vous êtes prêts à trouver des moyens pour arranger tout cela, ou si vous avez encore besoin d'écoute au préalable?

Le deuxième garçon: Je pense qu'il occupera le terrain, de toute manière!

Le premier garçon: Comment est-ce que je peux être sûr qu'il ne va pas continuer à venir nous embêter?

La formatrice en CNV: Mmh, on dirait que vous avez tous les deux besoin d'avoir confiance que l'autre respectera l'accord que vous prendrez concernant le partage du terrain?

Les deux garçons: Oui.

La formatrice en CNV: Ce qui me semble important, dans ce cas, c'est que, quel que soit l'accord que vous prendrez, vous vous sentiez tous les deux à l'aise avec cet accord, et que vous puissiez vous dire sincèrement que vous allez essayer de le respecter pendant une certaine période, pour voir si ça marche. Êtes-vous d'accord?

Les deux garçons (hochant affirmativement la tête): Ouais.

La formatrice en CNV: J'imagine que vous avez tous les deux des idées sur la façon dont ça pourrait fonctionner. Aimeriez-vous en discuter entre vous et me dire ensuite, ou à l'un de vos professeurs, quelles solutions vous aurez trouvées? Ou préférez-vous qu'un adulte soit avec vous pendant que vous discutez?

Les deux garçons dirent qu'ils préféraient en parler entre eux. Après un petit moment, ils revinrent avec un plan pour diviser le terrain de jeu en deux, certains jours, et pour l'utiliser chacun à leur tour les autres jours. Ils dirent qu'ils étaient d'accord pour essayer ce plan pendant deux semaines, puis qu'ils se rencontreraient à nouveau pour en discuter et voir si ça fonctionnait.

Pendant que les garçons échangeaient, la formatrice en CNV se tourna vers le groupe de professeurs qui avaient assisté à la médiation.

La formatrice en CNV: Eh bien, je suis curieuse de savoir ce que vous avez observé pendant cette interaction.

Le premier professeur: Je suis sidéré de voir qu'ils se sont entendus aussi vite.

La formatrice en CNV: Ah, vous êtes étonné? J'imagine aussi que ça vous fait plaisir de voir que ces élèves en conflit sont arrivés aussi vite à une compréhension mutuelle, non?

Le premier professeur: Oui. Et je pense à la manière dont j'aurais géré la situation et comment tout cela aurait vraisemblablement tourné.

La formatrice en CNV: Comment?

Le premier professeur: J'aurais sans doute réprimandé le plus grand des garçons et je lui aurais interdit de jouer sur le terrain pendant une semaine, ou quelque chose de ce genre. Je l'aurais puni, d'une manière ou d'une autre. Et il n'aurait plus eu le droit de parler avec l'autre garçon.

Le deuxième professeur: Même chose pour moi. Sauf que j'aurais probablement puni le plus jeune pour avoir interrompu le jeu. J'aurais dit à tout son groupe de rester hors du terrain pendant une certaine période, et de réfléchir jusqu'à ce qu'ils trouvent un moyen de s'entendre. Mais ça ne marche jamais. Ça fait baisser la tension pendant un petit moment, sans rien résoudre.

La formatrice en CNV: En vous écoutant, j'imagine que cela va vous intéresser de voir comment ils vont s'y prendre pour continuer à s'arranger entre eux?

Le premier professeur: Oui. Et j'ai envie d'apprendre à les aider à trouver leurs propres solutions, exactement comme vous venez de le faire.

CHAPITRE 2

L'EXPRESSION DE MESSAGES AU SERVICE DU VIVANT

Préparer les élèves

Nous pouvons, en tant qu'enseignants, préparer les élèves à participer et à donner naissance à des organisations au service de la vie. Nous le pouvons en adoptant un langage qui permet de nous mettre vraiment en lien les uns avec les autres à tout instant. J'appelle ce langage la « Communication NonViolente ». En l'utilisant, nous pouvons aider professeurs et élèves à devenir partenaires, donner aux élèves les moyens de mettre fin à leurs conflits de manière pacifique, construire des ponts entre adversaires de longue date, tels que parents d'élèves et responsables d'école, et contribuer à notre propre bien-être ainsi qu'à celui de notre entourage. Alors, me demanderez-vous, pourquoi n'apprenons-nous pas tous rapidement cette merveilleuse langue, afin de pouvoir l'utiliser chaque jour de notre vie ?

Malheureusement, la langue que nous avons apprise nous a éduqués à juger nos propres actions et celles d'autrui ; nous les catégorisons de façon moralisatrice de «justes/fausses», «correctes/incorrectes», «bonnes/mauvaises», «normales/anormales», «appropriées/inappropriées».

Nous avons en outre été éduqués à croire que les personnes en position d'autorité connaissent les jugements les plus appropriés à chaque situation. Si nous portons nous-mêmes l'étiquette d'«enseignant», ou de «directeur», nous pensons qu'il nous incombe de savoir ce qui convient le mieux à ceux que nous supervisons, et nous sommes prompts à étiqueter ceux qui ne s'inclinent pas devant nos décisions, les qualifiant de «non coopérants», de «perturbateurs», ou même de «personnes émotionnellement perturbées». En parallèle, nous nous qualifions d'«inefficaces» lorsque nos efforts ne portent pas leurs fruits. Le fait d'avoir été éduqués à utiliser le langage de cette façon contribue à notre asservissement aux autorités sur lesquelles reposent les systèmes de domination.

Un jour, dans le cadre d'une émission radiophonique, on m'a posé la question suivante: «Selon vous, qu'est-ce qui pourrait amener le plus de paix dans le monde?» J'ai répondu: «Que nous puissions apprendre aux êtres humains à penser en termes de besoins plutôt qu'en termes de jugements moralisateurs, comme juste/faux ou bon/mauvais.» Eh bien, vous auriez dû voir le standard clignoter!... Un grand nombre de gens prennent peur quand ils entendent cela et croient que je recommande de supprimer tout jugement et que je me fais l'avocat d'une permissivité totale. À l'inverse, les personnes qui comprennent mes objectifs et les partagent ont de solides opinions, des valeurs fortes, mais portent des jugements basés sur ces valeurs, plutôt que fondés sur des notions moralisatrices.

Pour la plupart d'entre nous, la Communication NonViolente n'est pas du tout une langue difficile à apprendre. Ce qui nous donne du fil à retordre, c'est de désapprendre le langage des jugements moralisateurs, le langage de la domination.

L'effet des jugements moralisateurs sur l'apprentissage

Ce que j'ai réussi à faire de plus convaincant pour faire comprendre à des enseignants la différence entre un jugement moralisateur et un jugement basé sur des valeurs s'est passé dans une école de Norfolk, en Virginie. Au départ, lorsque j'ai expliqué aux enseignants comment utiliser des jugements de valeur dans leur évaluation des résultats scolaires, ils se sont montrés sceptiques. Ils ne voyaient pas comment évaluer le travail des élèves sans indiquer si les réponses étaient «justes» ou «fausses». Alors, dans l'espoir de les convaincre que des alternatives à de tels jugements existent, j'ai donné plusieurs cours, parmi lesquels des cours de math, sciences et langues. Ces leçons ont été filmées.

Plus de quatre heures de vidéo ont ainsi été prises pendant cette journée de cours. Cela dit, les responsables de l'école m'ont révélé par la suite que les dix premières minutes de la vidéo suffisaient à convaincre les professeurs de l'importance de trouver des alternatives aux jugements moralisateurs.

Pendant ces dix premières minutes, je me suis intéressé à un garçon de neuf ans. Il venait tout juste de terminer une page de calculs, et je vis qu'il avait donné à la somme de 9 plus 6 la valeur de 14. Alors je lui ai dit: «Hé, mon bonhomme, je suis confus par rapport à la façon dont tu es arrivé à cette réponse. La mienne est différente. J'aimerais que tu me montres comment tu as obtenu ce résultat?»

Ce que je disais était sincère. Je me demandais vraiment comment il était arrivé à cette réponse. Avait-il inventé un nouveau système arithmétique que j'allais préférer, peut-être, à celui qu'on m'avait enseigné? Bref, je me demandais si c'était cela ou s'il avait fait autre chose. Donc, je lui répétai: «J'aimerais savoir comment tu as obtenu ce résultat, je n'ai pas le même. Serais-tu d'accord de me montrer comment tu as procédé?»

Le gamin baissa la tête et se mit à pleurer.

Je demandai alors: «Hé, p'tit gars, que se passe-t-il? Pourquoi pleures-tu?»

Il répondit: «Parce que j'ai fait faux.»

Les professeurs n'ont pas eu besoin d'en voir davantage. Cet élève de troisième année avait déjà appris que tout ce qui compte à l'école, c'est la façon dont on est évalué par les autres. Il avait entendu le mot «faux» sans que j'aie même à le prononcer! Et non seulement il avait entendu qu'il avait «fait faux», mais sa réaction démontrait combien il avait honte d'avoir «fait faux». Il associait probablement le fait d'avoir une réponse «fausse» à d'autres jugements aussi douloureux que celui d'être traité de «stupide», avec des conséquences aussi terribles pour lui que l'exclusion du groupe.

Cet épisode est l'illustration vivante de la rapidité avec laquelle nous apprenons aux enfants que la partie la plus importante de leur scolarité n'est pas le développement de connaissances et d'informations au service de la vie, mais de mériter les jugements positifs et d'éviter les jugements négatifs.

Cette forme d'éducation est primordiale dans le maintien de systèmes de domination, dans lesquels tout travail a pour but l'obtention de récompenses et l'évitement de punitions. Pourtant, récompenses et punitions ne sont pas nécessaires quand les gens constatent en quoi leurs efforts contribuent à leur bien-être et à celui des autres.

Cela me rappelle une enseignante d'école primaire au Texas qui était contrariée devant mon exposé des bienfaits d'une évaluation faite à l'aide de jugements reposant sur des valeurs. «Vous compliquez les choses simples!» dit-elle. «Les faits sont les faits, et je ne vois aucun mal au fait qu'un professeur dise à un élève qu'il a raison s'il a raison et qu'il a tort quand il a tort.» J'ai demandé à cette enseignante de me donner un exemple de quelque chose qui soit aussi factuel. Elle me répondit: «Par exemple, c'est un fait que Christophe Colomb a découvert l'Amérique.» Il se trouve que j'étais accompagné ce jour-là par un ami amérindien, qui a calmement rétorqué à l'enseignante: «Ce n'est pas ce que m'a raconté mon grand-père.»

Évaluer les performances en utilisant des jugements de valeur

Une évaluation basée sur des jugements de valeur indique à l'élève si ses performances sont en harmonie avec les besoins et valeurs de son professeur, ou pas. Dans une telle évaluation, il n'y aurait donc pas de jugement figé ou moralisateur - qu'on appelle d'habitude une «critique», ni de jugement positif, tel qu'un «compliment» ou une «louange». Ainsi, les enseignants pourraient évaluer les performances d'un élève en disant: «Je suis d'accord» ou «Je ne suis pas d'accord», et non en disant: «C'est juste» ou «C'est faux». Les professeurs partageraient ce qu'ils attendent des élèves, mais sans l'utilisation d'un langage qui présuppose que ces derniers n'ont pas le choix, par exemple: «Tu dois le faire», ou «Tu ne peux pas faire ça», ou «Tu devrais», ou «Il le faut».

Pour avoir des enseignants qui soient réellement engagés à aller dans ce sens, aussi difficile cela soit-il, nous utilisons un type spécial de détecteur dans les écoles au service de la vie. Aucun professeur ne peut en franchir le seuil si un seul des mots suivants est logé dans sa conscience: juste, faux, correct, incorrect, bon, mauvais, normal, anormal, respectueux, irrespectueux, doué, pas doué, être censé, être obligé, falloir et, surtout, devoir.

Les élèves éduqués dans un environnement libre de tout jugement apprennent parce qu'ils choisissent d'apprendre, pas pour obtenir des récompenses ou pour éviter d'être soumis à des jugements moralisateurs ou des punitions. Chaque enseignant connaît, ou peut au moins imaginer, la joie d'instruire un élève qui veut réellement apprendre - une expérience par trop rare.

J'espère que vous commencez à comprendre que le seul fait d'utiliser un langage différent pour évaluer le travail d'un élève peut radicalement changer le système pédagogique. En même temps, je devine votre question: «Qu'en est-il des bulletins scolaires? Qu'en est-il des tests de capacités et de compétences?»

Je vais tenter de répondre à ces questions. Mais je veux d'abord vous exposer les bases de la Communication NonViolente.

Les composantes de la Communication NonViolente

La Communication NonViolente nous aide à avoir conscience et à exprimer clairement:

- ce que nous observons qui répond à nos besoins;
- ce que nous observons qui ne répond pas à nos besoins;
- ce que nous ressentons et ce dont nous avons besoin dans l'instant présent;
- les actions que nous sollicitons pour satisfaire nos besoins;
- les opinions et convictions qui sont exprimées en tant qu'opinions et convictions, pas comme des faits.

La Communication NonViolente nous aide également à entendre de façon empathique:

- ce que nos interlocuteurs observent qui répond à leurs besoins;
- ce qu'ils observent qui ne répond pas à leurs besoins;
- ce qu'ils ressentent et ce dont ils ont besoin;
- les actions qu'ils envisagent pour satisfaire leurs besoins.

Souvenez-vous que notre objectif et l'objectif de la Communication NonViolente ne sont pas d'obtenir ce que nous voulons, mais d'établir une qualité de lien sur le plan humain qui conduira à la satisfaction des besoins de chacun. C'est aussi simple et complexe que cela.

Faire des observations claires sans y mêler d'évaluations

Un aspect important de la Communication NonViolente est la capacité de faire l'observation de ce que les gens font, sans y ajouter une évaluation qui pourrait être prise pour une critique. L'expérience m'a montré que, lorsque l'on entend une critique, il est peu vraisemblable que quiconque voie ses besoins satisfaits (qu'il s'agisse du besoin de s'instruire d'un élève, ou du besoin d'enseigner d'un professeur, par exemple). La critique suscite plus souvent l'argumentation défensive ou la critique en retour plutôt que la coopération.

Même si la personne fait ce que nous voulons, elle agit probablement à partir de la honte, de la culpabilité ou de la peur d'être punie, et non à partir du désir de satisfaire les besoins de qui que ce soit. Or toutes les personnes concernées paient chèrement le fait que quelqu'un agisse pour de telles raisons. Cela coûte à celle qui agit, car agir pour de telles raisons déshumanise. Et cela nous coûte aussi, si nous sommes associés à une telle déshumanisation, car la personne va voir son plaisir de contribuer à notre bien-être diminuer ; et vraisemblablement son envie même de contribuer va se réduire.

Ruth Bebermeyer, compositrice et poète, a écrit cette chanson pour apprendre aux enfants à observer sans évaluer :

Je n'ai jamais vu d'homme paresseux ;
j'ai vu un homme qui jamais ne courut
alors que je le regardais,

et j'ai vu un homme qui dormait parfois
entre le déjeuner et le dîner
et qui restait à la maison quand il pleuvait,
mais ce n'était pas un paresseux.
Avant de me traiter de folle,
réfléchissez, était-ce un paresseux ou
faisait-il tout simplement des choses sur lesquelles
nous mettons l'étiquette de «paresse»?

Je n'ai jamais vu d'enfant stupide;
j'ai vu un enfant qui faisait parfois
des choses que je ne comprenais pas
ou de façons que je n'avais pas prévues;
j'ai vu un enfant qui n'avait pas vu
les mêmes lieux que ceux où je m'étais rendue,
mais ce n'était pas un enfant stupide.
Avant de le traiter de stupide,
réfléchissez, cet enfant était-il stupide
ou avait-il seulement
d'autres connaissances que vous?

J'ai regardé aussi attentivement que j'ai pu,
mais je n'ai jamais, au grand jamais, vu de cuisinier;
j'ai vu une personne mélanger les ingrédients
qui allaient faire notre dîner,
une personne qui augmentait la flamme
de la cuisinière et surveillait la cuisson de la viande.
J'ai vu tout cela, mais pas de cuisinier.
Dites-moi, quand vous regardez,
est-ce un cuisinier que vous voyez
ou quelqu'un qui fait une chose
que nous appelons cuisiner?

Ce que certains d'entre nous nomment paresse,
d'autres l'appellent fatigue, ou tranquillité;
ce que certains d'entre nous nomment stupidité,
d'autres l'appellent un savoir différent;
cela m'a amenée à la conclusion
que, si nous ne faisons pas d'amalgame
entre ce que nous pouvons voir et notre opinion,
cela nous évitera toute confusion.
Mais vous pouvez le faire, je tiens à le dire;
je ne vous donne là que de mon opinion, sans plus.

Ce que j'appelle une observation est quelque chose que nous pouvons voir, entendre ou toucher, quelque chose qu'une caméra vidéo pourrait filmer. Une observation est descriptive. Une évaluation implique que l'on fait des déductions à partir de ce que l'on observe. La Communication NonViolente ne nous invite pas à rester totalement objectifs ni à nous abstenir de toute évaluation. Nous pouvons dire à autrui comment nous nous sentons à propos de ce que nous avons constaté et partager ce à quoi nous accordons de la valeur. Mais crier à un enfant: «Sarah, c'est méchant de frapper Lionel à la tête avec un morceau de bois!» est différent de lui dire: «Sarah, j'ai peur quand je te vois frapper Lionel à la tête avec un morceau de bois, je voudrais que tout le monde soit en sécurité dans cette classe!»

Le meilleur moyen, selon moi, d'illustrer la différence entre des observations pures et des observations qui contiennent une évaluation est un tableau comme celui-ci :

EXEMPLES DE MÉLANGE ENTRE OBSERVATION ET ÉVALUATION	**EXEMPLES DE SÉPARATION ENTRE OBSERVATION ET ÉVALUATION**
Tu es trop généreux.	Quand tu donnes aux autres tout ton argent, je crains que tu leur donnes les sous dont tu pourrais avoir besoin pour ton repas de midi.
Aurélie fait toujours les choses à la dernière minute.	Aurélie n'étudie pour ses examens que la veille de ceux-ci.
Je suis sûr qu'il ne rendra pas son travail à temps.	Il ne rend pas son travail à temps.
Les étrangers ne se soucient pas de leur propriété.	Je n'ai pas vu les étrangers qui vivent au coin de la rue déblayer la neige devant leur maison.
Jean Dupont est un mauvais joueur de football.	En 20 matchs, Jean Dupont n'a pas marqué de but.
François est laid.	Je ne trouve pas François très attirant.

Quelques-uns des exemples de la colonne de droite contiennent des opinions exprimées en tant qu'opinions, pas en tant que faits ; d'autres ne contiennent pas d'opinions du tout, juste de pures observations.

EXERCICE N° 1

Observation ou évaluation?

L'exercice suivant vous permettra de déterminer votre capacité à faire la différence entre observer et évaluer. Encerclez le chiffre se trouvant au début des phrases qui ne sont que des observations, sans qu'une évaluation s'y trouve mêlée.

1. «Quand j'ai demandé à Élise de bien vouloir m'écouter, elle m'a répondu grossièrement.»
2. «Rémy m'a dit que le chien avait mangé ses devoirs.»
3. «J'ai entendu un élève de 6e année dire à un élève de 3e: "Tu es stupide."»
4. «Elle est très brillante.»
5. «Tu écris merveilleusement bien.»
6. «Je ne me rappelle pas d'un moment où elle soit arrivée à l'heure à l'école, cette semaine.»
7. «C'est un petit tyran.»
8. «Elle m'a dit qu'elle souffrait d'une difficulté d'apprentissage.»
9. «Je l'ai vue parler et rire avec trois autres filles, en montrant du doigt le nouvel élève.»
10. «Ils ont été très turbulents.»

VOICI MES RÉPONSES À L'EXERCICE N° 1:

1. Si vous avez encerclé ce chiffre, nous ne sommes pas d'accord. Je considère l'emploi du mot «grossièrement» comme une évaluation. Un exemple d'observation sans évaluation serait: «Quand j'ai demandé à Élise de bien vouloir m'écouter, elle a répondu: "Je ne suis pas obligée d'écouter qui que ce soit."»

2. Si vous avez encerclé ce chiffre, nous sommes d'accord : il s'agit d'une observation à laquelle aucune évaluation n'est mêlée.
3. Si vous avez encerclé ce chiffre, nous sommes d'accord : il s'agit d'une observation à laquelle aucune évaluation n'est mêlée.
4. Si vous avez encerclé ce chiffre, nous ne sommes pas d'accord. Je considère «très brillante» comme une évaluation. Une observation sans évaluation serait : «Elle a répondu à mon entière satisfaction à toutes les questions de ses examens de fin d'année.»
5. Si vous avez encerclé ce chiffre, nous ne sommes pas d'accord. Je considère l'adverbe «merveilleusement» comme une évaluation. Une observation sans évaluation serait, par exemple : «Dans ton récit, tu as utilisé au moins trois paragraphes pour décrire la vie de chaque personnage.»
6. Si vous avez encerclé ce chiffre, nous sommes d'accord : il s'agit d'une observation à laquelle aucune évaluation n'est mêlée.
7. Si vous avez encerclé ce chiffre, nous ne sommes pas d'accord. Je considère l'expression «petit tyran» comme une évaluation. Une observation sans évaluation serait : «Six élèves m'ont dit qu'il les menace s'ils ne font pas ce qu'il dit», ou : «À la récréation, je l'ai vu à plusieurs reprises prendre le ballon des mains d'un autre élève.»
8. Si vous avez encerclé ce chiffre, nous sommes d'accord : il s'agit d'une observation à laquelle aucune évaluation n'est mêlée. Bien que je considère «difficulté d'apprentissage» comme une évaluation, la phrase : «Elle m'a dit qu'elle avait une difficulté d'apprentissage» est l'observation de ce qu'elle a dit.

9. Si vous avez encerclé ce chiffre, nous sommes d'accord: il s'agit d'une observation à laquelle aucune évaluation n'est mêlée.
10. Si vous avez encerclé ce chiffre, nous ne sommes pas d'accord. Je considère le mot «turbulents» comme une évaluation. Une observation sans évaluation pourrait être: «Ils riaient plus bruyamment que je ne l'aurais souhaité alors que j'essayais de donner des instructions à la classe.»

Identifier et exprimer ses sentiments

Une des fonctions de base de la Communication NonViolente est de nous permettre de concentrer notre attention sur ce que nous ressentons à tout moment. Cela requiert un apprentissage de l'expression des sentiments, ainsi que l'acquisition d'un vocabulaire dans ce domaine. Malheureusement, ayant été éduqués dans une langue de domination, la plupart d'entre nous peuvent trouver facilement dix synonymes à «stupide», mais disposent par ailleurs de peu de mots en dehors de «bien» et «mal» dans leur vocabulaire des sentiments.

Lorsque nous exprimons nos sentiments, il est utile d'employer des mots décrivant des émotions précises plutôt que des mots n'évoquant que des idées floues et générales. Si je dis: «Je me sens bien par rapport à cela» ou «Je me sens mal par rapport à cela», je ne dis rien de très clair sur ce que je ressens. «Bien» peut vouloir dire enchanté, encouragé, assez à l'aise, ou quelque chose entre l'un et l'autre. «Mal» peut exprimer l'abattement, le découragement, ou juste une légère déception.

Notre langage ne rend pas l'expression de nos sentiments aisée. On peut en effet utiliser le verbe «sentir» ou parler de sentiment sans pour autant exprimer ce que nous ressentons le moins du monde.

Vous remarquerez dans les phrases suivantes que, lorsque le verbe sentir est suivi des mots «que», «comme», «comme si», «je», «tu», «il», «elle», «on» ou «ils», celui qui parle n'exprime pas clairement son sentiment :

- « J'ai le sentiment que tu devrais mieux savoir.»
- « Je sens que c'est comme si j'avais mieux à faire.»
- « Je sens qu'on n'a pas été juste envers moi.»
- « J'ai le sentiment qu'on essaie de me forcer la main.»
- « Je sens qu'ils veulent que je m'en aille.»

Nous n'avons aucune idée de ce que ressentent les personnes qui font de telles déclarations. Nous pourrions essayer de le deviner, mais nous risquerions fort de nous tromper. La personne qui fait la dernière déclaration pourrait tout aussi bien être absolument désolée qu'absolument ravie à l'idée de s'en aller.

Voici une liste de mots qui vous aideront à enrichir votre vocabulaire dans l'expression de vos sentiments. Cette liste n'est pas exhaustive. Ajoutez-y vos propres termes.

SENTIMENTS QUE NOUS ÉPROUVONS LORSQUE NOS BESOINS SONT SATISFAITS

à l'aise
absorbé
admiratif
affectueux
alerte
allégé
allègre
amoureux
amusé
apaisé
attendri
attentif
aux anges
aventureux
béat
bien disposé
bouleversé
calme
captivé
centré
chaleureux
charmé
comblé
compatissant
concerné
confiant
content
curieux
de bonne humeur
décontracté
délivré
détendu
ébahi
ébloui
égayé
électrisé
emballé
émerveillé
ému
émoustillé
en effervescence
en extase
enchanté
encouragé
enflammé
enjoué
enthousiaste
épanoui
espiègle
étonné
étourdi
éveillé
exalté
excité
expansif
extatique
exubérant
exultant
fasciné
fier
fou de joie
frémissant
gai
gonflé à bloc
grisé
heureux
hilare
impatient
impliqué
inspiré
intéressé
intrigué
joyeux
jubilant
léger
libre
liesse (en)
nourri
optimiste
paisible
passionné
plein d'amour
plein de courage
plein d'élan
plein d'entrain
plein d'espoir
plein de malice
plein de gratitude
plein d'énergie
proche
radieux
radouci
ragaillardi
rassasié
rasséréné
rassuré
ravi
rayonnant
réconforté
reconnaissant
régénéré
réjoui
requinqué
réveillé
revigoré
satisfait
sécurisé
sensible
serein
sidéré
soulagé
stimulé
sûr de moi
surpris
touché
tranquille
transporté de joie
touché
vivant
vivifié

SENTIMENTS QUE NOUS ÉPROUVONS QUAND NOS BESOINS NE SONT PAS SATISFAITS

à bout
abattu
accablé
affligé
affolé
agacé
agité
aigri
alarmé
amer
anesthésié
angoissé
anxieux
apathique
atterré
apeuré
blessé
bouleversé
cafardeux
chagriné
choqué
confus
consterné
contrarié
courroucé
craintif
crispé
dans l'expectative
débordé
déconcerté
décontenancé
découragé
déçu
dégoûté
démoralisé
démobilisé
démotivé
dépité
déprimé
dérouté
désappointé
désemparé
désenchanté
désespéré
désolé
désorienté
détaché
écœuré
effrayé
embarrassé
embêté
embrouillé
en colère
en détresse
en deuil
endormi
énervé
engourdi
ennuyé
épuisé
exaspéré
excédé
excité
fâché
fatigué
fragile
frustré
furieux
gêné
hésitant
honteux
horrifié
horripilé
hostile
impatient
impuissant
incommodé
indécis
indifférent
inerte
inquiet
insatisfait
instable
intrigué
irrité
jaloux
las
léthargique
lourd
mal à l'aise
malheureux
maussade
mécontent
méfiant
mélancolique
misérable
mitigé
morose
mou
navré
nerveux
paniqué
peiné
perplexe
perturbé
pessimiste
plein d'animosité
plein d'appréhension
plein d'aversion
plein de rancœur
plein de regrets
plein de ressentiment
plein de haine
préoccupé
refroidi
réticent
saturé
sceptique
secoué
sensible
seul
soucieux
soupçonneux
stupéfait
surexcité
surpris
sur la défensive
sur la réserve
tendu
terrifié
terrorisé
tiraillé
tourmenté
triste
troublé
ulcéré
vexé
vulnérable

Exercice n° 2

L'expression des sentiments

Si vous voulez voir si nous sommes d'accord sur l'expression des sentiments, encerclez le chiffre se trouvant au début des phrases dans lesquelles des sentiments sont exprimés verbalement.

1. «Je sens que tu es en colère.»
2. «Je suis contente de voir que tu es en train de terminer ce rapport.»
3. «Je me sens triste parce que j'aimerais que chacun sente qu'il fait partie de l'école, et je vois que ce n'est pas ton cas.»
4. «Tu es ravissante.»
5. «Je me suis senti tellement heureux quand je t'ai vu faire visiter l'école au nouvel élève.»
6. «Je suis reconnaissant que tu m'aies dit ce qui te contrarie.»
7. «J'ai le sentiment que vous ne travaillez pas aussi bien que vous le pouvez.»
8. «Je crains que tu n'aies pas le temps de terminer ce travail.»
9. «Quand tu ne fais pas ce que je te demande, je ne me sens pas respecté.»
10. «Je suis heureux de voir combien tu apprends.»

Voici mes réponses à l'exercice n° 2:

1. Si vous avez encerclé ce chiffre, nous ne sommes pas d'accord. Je ne considère pas «tu es en colère» comme un sentiment. Pour moi, cette phrase exprime la pensée d'une personne qui parle du ressenti d'une autre et non du sien. Chaque fois que l'on trouve la locution «je sens que» suivie de «je», «vous», «tu», «il», «elle», «on», «eux», «ça», «cela», «comme», «comme

si», ce qui est exprimé ensuite n'a généralement rien à voir avec ce que j'appelle un sentiment. Exprimer un sentiment serait dire, par exemple: «Je me sens préoccupé...» ou «Je suis curieux...»

2. Si vous avez encerclé ce chiffre, nous sommes d'accord qu'un sentiment a été exprimé verbalement.
3. Si vous avez encerclé ce chiffre, nous sommes d'accord qu'un sentiment a été exprimé verbalement.
4. Si vous avez encerclé ce chiffre, nous ne sommes pas d'accord. Je ne considère pas le mot «ravissante» comme un sentiment. Pour moi, il exprime de quelle manière celui qui parle évalue l'autre personne plutôt que de faire savoir comment il se sent, lui. L'expression d'un sentiment serait, par exemple: «Je suis ravi...» ou «Je me sens heureux quand je te vois...»
5. Si vous avez encerclé ce chiffre, nous sommes d'accord qu'un sentiment a été exprimé verbalement.
6. Si vous avez encerclé ce chiffre, nous sommes d'accord qu'un sentiment a été exprimé verbalement.
7. Si vous avez encerclé ce chiffre, nous ne sommes pas d'accord. Pour moi, cette phrase révèle ce que pense celui qui parle de ce que l'autre a fait. C'est généralement le cas quand on trouve l'expression «j'ai le sentiment que...». L'expression d'un sentiment serait: «Je me sens triste et préoccupée quand je vois le genre de travail que vous rendez.»
8. Si vous avez encerclé ce chiffre, nous sommes d'accord qu'un sentiment a été exprimé verbalement.
9. Si vous avez encerclé ce chiffre, nous ne sommes pas d'accord. Pour moi, «pas respecté» n'est pas un sentiment. À mes yeux, cette phrase révèle ce que pense celui qui parle de ce qu'a fait celui auquel il s'adresse. L'expression d'un sentiment dans cet exemple pourrait être: «Je me sens déçu...» ou «Je me sens contrarié...»

10. Si vous avez encerclé ce chiffre, nous sommes d'accord qu'un sentiment a été exprimé verbalement.

Les risques encourus à ne pas exprimer nos sentiments

Lorsque nous n'arrivons pas à faire part de nos sentiments, cela peut entraîner des effets négatifs. On m'a demandé un jour de donner un cours de Communication NonViolente à un groupe d'élèves des quartiers du centre-ville de St. Louis. Le premier jour, lorsque je suis entré dans la classe, les élèves, engagés dans une conversation animée, se sont tus. Quand je leur ai dit bonjour, aucun ne m'a répondu. Je me suis senti très mal à l'aise, mais j'ai eu peur de le leur dire. Au lieu d'exprimer mes sentiments, j'ai donc enchaîné sur mon ton le plus professionnel (et sans doute le plus pompeux): «Nous allons étudier un processus de communication qui, je l'espère, vous aidera dans vos relations familiales et amicales.» J'ai poursuivi en présentant les grandes lignes de la Communication NonViolente, mais personne ne semblait écouter. Une fille sortit une lime de son sac, et commença à se limer ostensiblement les ongles. Les élèves assis près de la fenêtre regardaient ce qui se passait dans la rue. Je me sentais de plus en plus mal à l'aise, mais j'ai continué à m'enliser.

Finalement un des élèves, faisant preuve de plus de courage que moi, m'a dit: «Vous avez horreur de vous trouver avec des Noirs, pas vrai?» J'ai immédiatement réalisé qu'en m'efforçant de cacher mon malaise, j'avais en fait contribué à leur donner cette impression.

J'ai répondu: «Je me sens nerveux, mais pas parce que vous êtes Noirs. Mes sentiments sont dus au fait que je ne connais personne et que j'ai pensé que je n'étais pas accepté lorsque je suis entré dans cette classe.»

Cette expression de ma vulnérabilité leur fit beaucoup d'effet. Ils ont commencé à me poser des questions sur moi, puis, petit à petit, en sont arrivés à me parler d'eux et à me faire part de leur désir d'en savoir plus long sur la Communication NonViolente.

Faire le lien entre nos sentiments et nos besoins

La Communication NonViolente accroît notre conscience du fait que, si les paroles ou actions d'autrui peuvent être le facteur déclenchant nos sentiments, elles n'en sont jamais la cause. Nos sentiments découlent de la satisfaction ou de la non-satisfaction de nos besoins. Donc ce n'est pas Sarah qui a effrayé le professeur, lorsqu'elle a frappé Lionel à la tête avec un morceau de bois : la peur du professeur a été suscitée par son besoin de veiller à la sécurité physique et au bien-être des élèves de la classe. Si son besoin, à ce moment-là, avait été de dormir (parce qu'il avait passé la moitié de la nuit à veiller un enfant malade), il se serait senti débordé au lieu de se sentir inquiet, et il se serait simplement assuré que Lionel n'avait pas de blessure à la tête – tout en ignorant Sarah, qu'il n'aurait même pas eu l'énergie de réprimander.

Les interprétations, critiques, diagnostics et jugements portés sur autrui sont autant d'expressions détournées de nos besoins inassouvis. Par exemple, si une élève dit à son professeur : « Ce n'est pas juste ! Vous ne me choisissez jamais ! », elle peut être en train de faire savoir que son besoin d'équité est insatisfait. Ou, lorsqu'un professeur dit à un élève : « Tu es arrivé en retard en classe tous les jours, cette semaine. Tu te fiches d'apprendre ou non quelque chose, hein ? », il peut être en train d'exprimer que son besoin de reconnaissance du travail de conception et de préparation de son cours n'est pas comblé.

Exprimer nos besoins de cette manière indirecte peut aller à l'encontre du but recherché. Plus nous arrivons à associer directement nos sentiments à nos besoins, plus il est facile aux autres d'y répondre avec bienveillance. En revanche, lorsque nos besoins sont exprimés par le biais d'interprétations et de jugements, l'autre risque d'entendre une critique dans nos paroles. Et comme je l'ai dit précédemment, lorsque quelqu'un entend quelque chose qui sonne à ses oreilles comme un reproche, il dépense alors son énergie davantage à se défendre ou à riposter qu'à réagir de façon bienveillante.

Il faut dire que peu d'entre nous ont été éduqués à penser en termes de besoins. On nous a plutôt enseigné à chercher ce qui ne va pas chez l'autre lorsque nos besoins ne sont pas comblés. C'est ainsi que nous en sommes arrivés à voir nos élèves comme des « paresseux » lorsqu'ils n'ont pas terminé leur travail à temps, ou comme des « irresponsables » lorsqu'ils ont oublié leurs devoirs à la maison. Or j'ai constaté à maintes et maintes reprises qu'à partir du moment où les gens parlent de leurs besoins plutôt que de ce qui ne va pas chez l'autre, la possibilité de trouver comment satisfaire les besoins de tous est accrue de façon significative.

VOICI QUELQUES BESOINS DE BASE QUE NOUS PARTAGEONS TOUS

Autonomie
Choisir nos rêves/objectifs/valeurs
Choisir les moyens de réaliser nos rêves, d'atteindre nos objectifs et d'incarner nos valeurs

Célébration
Célébrer la création de la vie
Célébrer les pertes : des êtres aimés, des rêves, etc. (faire le deuil)

Intégrité
Authenticité
Créativité
Sens

Interdépendance
Acceptation
Affection, amour
Appréciation
Confiance
Chaleur humaine
Considération
Contribution à l'enrichissement de la vie (exercer notre pouvoir de contribuer au bien-être des autres ainsi qu'au nôtre)
Empathie
Honnêteté
Honnêteté qui donne du pouvoir (celle qui nous permet d'apprendre à partir de nos limites)
Intimité, proximité
Respect
Sécurité
Sécurité émotionnelle
Soutien

Nourriture physique
Abri
Air
Contact
Expression sexuelle
Mouvement/exercice
Nourriture, eau
Protection contre les formes de vie pouvant porter atteinte à la vie humaine (virus, bactéries, insectes, animaux prédateurs)
Repos

Jeu
Amusement, plaisir
Expression de soi

Spiritualité
Beauté
Harmonie
Inspiration
Ordre
Paix

Je considère cette liste comme un travail en cours, et je reçois toujours volontiers les changements et ajouts que l'on peut y faire. Une amie enseignante a établi sa propre liste de besoins, qu'elle trouve très utile dans son travail avec les jeunes.

De quoi avons-nous besoin?

D'autonomie; de faire des choix; de nous réaliser; d'affection; d'appréciation; de beauté; d'occasions d'aider les autres; d'expression créative; de dignité; d'exercice; de nourriture, d'eau, d'air, de chaleur; de nous amuser et de jouer; d'harmonie; d'honnêteté; de sincérité; d'acquérir de nouvelles compétences; d'amour et d'appartenance; d'ordre; de paix; de réconfort; de respect; de repos; de sécurité; d'espace; de soutien; de toucher; de confiance; de compréhension.

Amusez-vous à établir votre propre liste. Veillez simplement à n'y inclure que des besoins humains universels.

Exercice n° 3

La reconnaissance des besoins

Pour faire cet exercice d'identification des besoins, encerclez le chiffre se trouvant au début de chacune des phrases dans lesquelles la personne qui parle prend la responsabilité de ses sentiments en montrant de quelle façon ceux-ci sont reliés à ses besoins.

1. «Je suis soulagée que tu sois rentré à la date prévue, car je m'inquiétais pour toi.»
2. «Je suis contrarié quand je t'entends l'insulter parce que j'ai besoin de respect pour chacun.»

3. «Je suis tout excité à propos de ton rapport.»
4. «Je me sens blessée quand tu dis: "Je m'en fous."»
5. « Quand tu arrives en retard en classe, je me sens frustrée.»
6. «Ça me rend dingue quand tu gribouilles sur ta feuille.»
7. «Je suis déçu, car je voulais expliquer mon point de vue clairement, et je vois que je n'y suis pas parvenu.»
8. «Vous me rendez tellement heureuse quand vous vous entraidez!»
9. «Je suis déconcerté quand vous agissez ainsi.»
10. «Je suis reconnaissant que vous vous soyez exprimé davantage, car j'accorde de la valeur à l'honnêteté.»

VOICI MES RÉPONSES À L'EXERCICE N° 3:

1. Si vous avez encerclé ce chiffre, nous sommes d'accord sur le fait que celle qui parle prend la responsabilité de ses sentiments.
2. Si vous avez encerclé ce chiffre, nous sommes d'accord sur le fait que celui qui parle prend la responsabilité de ses sentiments.
3. Si vous avez encerclé ce chiffre, nous ne sommes pas d'accord. Pour exprimer les besoins ou les pensées à l'origine de ses sentiments, le locuteur aurait pu dire: «Je suis enthousiasmé par ton rapport parce que j'ai toujours voulu en savoir davantage sur les dauphins.»
4. Si vous avez encerclé ce chiffre, nous ne sommes pas d'accord. Pour moi, la phrase sous-entend que c'est le comportement de l'autre personne qui est à l'origine des sentiments de celle qui parle, sans rien révéler des besoins ou pensées qui en sont la véritable source. Pour les faire connaître, elle aurait pu dire: «Quand tu dis: "Je m'en fous", je me sens vexée, car mon besoin de considération n'est pas satisfait.»

5. Si vous avez encerclé ce chiffre, nous ne sommes pas d'accord. Pour exprimer les besoins et pensées à l'origine de ses sentiments, la locutrice aurait pu dire: «Quand tu arrives en retard en classe, je me sens frustrée, car j'ai besoin d'utiliser notre temps d'une façon qui puisse contribuer à l'apprentissage de chacun.»
6. Si vous avez encerclé ce chiffre, nous ne sommes pas d'accord. Pour exprimer les besoins et les pensées à l'origine de ses sentiments, le locuteur aurait pu dire: «Quand tu gribouilles sur ta feuille, je me sens en colère parce que j'ai besoin qu'on respecte le matériel.»
7. Si vous avez encerclé ce chiffre, nous sommes d'accord sur le fait que celui qui parle prend la responsabilité de ses sentiments.
8. Si vous avez encerclé ce chiffre, nous ne sommes pas d'accord. Pour exprimer les besoins et les pensées à l'origine de ses sentiments, celle qui parle aurait pu dire: «Je suis heureuse quand je vous vois vous entraider, car j'accorde beaucoup de valeur à la coopération et au partage des connaissances.»
9. Si vous avez encerclé ce chiffre, nous ne sommes pas d'accord. Pour exprimer les besoins et les pensées à l'origine de ses sentiments, le locuteur aurait pu dire: «Je suis déconcerté quand vous agissez ainsi. J'aimerais comprendre quel besoin vous essayez de combler.»
10. Si vous avez encerclé ce chiffre, nous sommes d'accord sur le fait que celui qui parle prend la responsabilité de ses sentiments.

Demander ce qui peut améliorer notre vie

Supposons qu'un de vos élèves arrive à votre cours de français sans avoir fait ses devoirs, pour la cinquième fois de la semaine, et que, comme vous avez décidé de pratiquer la Communication NonViolente, vous ravaliez votre envie de le traiter de paresseux et d'irresponsable. Au lieu de cela, vous lui dites ce que vous observez sans y mêler aucune évaluation («Quand tu réponds à ma question en disant que tu n'as pas lu qu'il y avait un travail à faire...»). Vous lui dites ensuite comment vous vous sentez à propos de son attitude («je me sens déconcerté»), et vous reliez ce sentiment à votre besoin («parce que j'ai besoin de contribuer à la formation de mes élèves, et que je n'arrive pas à voir comment tu pourrais apprendre quelque chose sur la littérature française sans en avoir lu au moins un peu»). Jusque-là, tout va bien.

L'étape finale consiste à exprimer le plus clairement possible à votre élève ce qu'il pourrait faire pour répondre à vos besoins. C'est parfois l'étape la plus difficile à franchir. Vous lui avez déjà demandé à cinq reprises de lire certains passages d'un livre et il ne l'a pas fait: il est donc inutile de le lui demander une fois de plus. Que pouvez-vous lui demander pour créer un lien qui pourrait déboucher sur la satisfaction de vos besoins respectifs?

Pour trouver la réponse à cette question, commençons par voir à quoi ressemblerait une demande faite selon les principes de la Communication NonViolente. Tout d'abord, la Communication NonViolente réclame que nous exprimions ce que nous voulons, plutôt que ce que nous ne voulons pas. Il y a souvent confusion quand on nous dit ce qu'il ne faut pas faire. Mon exemple préféré est celui de la petite fille à qui on avait dit de ne pas pincer ses petits camarades quand elle se sentait contrariée vis-à-vis d'eux. Alors, la fois suivante, lorsqu'un enfant lui a pris son jouet, elle l'a mordu!

Nous formulons nos demandes non seulement en termes de ce que nous voulons, mais aussi en termes d'actions concrètes, en évitant tout langage vague et abstrait. Lorsque nous exprimons une requête dans un langage d'action clair et concret, nous augmentons les chances que les autres aient envie d'y répondre favorablement.

La confusion qui peut découler de l'utilisation d'un langage vague et ambigu dans une demande a été illustrée de façon amusante par un dessin humoristique : on y voit un homme qui vient de tomber dans un lac ; il ne sait pas nager. Il crie à son chien qui se trouve sur la berge : « Lassie, va chercher de l'aide ! » Dans l'image suivante, on voit le chien couché sur le divan d'un psychiatre…

J'ai été invité un jour à travailler avec des élèves du secondaire qui avaient certains griefs à formuler à l'égard du directeur de leur établissement, qu'ils trouvaient raciste. Un pasteur qui collaborait étroitement avec ce groupe d'élèves apprit que ces adolescents projetaient de violentes représailles à l'encontre de leur directeur. Très alarmé, le pasteur demanda aux élèves de me rencontrer avant de passer aux actes. Par respect pour lui, ils acceptèrent.

Lors de notre rencontre, les élèves commencèrent par se plaindre d'être injustement victimes de discrimination. Après avoir écouté quelques-unes de leurs critiques, je leur ai fait la suggestion de préciser les demandes qu'ils aimeraient faire à leur directeur.

Sur un ton dégoûté, l'un d'eux s'exclama alors : « À quoi bon ? On est déjà allé le voir pour lui dire ce qu'on voulait, et il n'a rien trouvé de mieux à répondre que : "Sortez d'ici ! Je n'ai pas besoin de vous pour savoir ce que j'ai à faire !" »

J'ai demandé à ces jeunes gens quelles avaient été leurs demandes au cours de cette rencontre. Ils m'ont raconté qu'ils avaient commencé par déclarer au directeur qu'ils ne voulaient pas qu'il leur dise comment se coiffer. Je leur ai indiqué que, selon moi, ils auraient pu recevoir une réponse plus coopérative s'ils avaient exprimé ce qu'ils voulaient, plutôt que ce qu'ils ne voulaient pas.

Ils racontèrent ensuite qu'ils avaient demandé à être traités d'une façon plus juste. Là encore, j'ai fait la remarque qu'ils auraient peut-être reçu une réponse plus coopérative s'ils avaient décrit les actions spécifiques qu'ils souhaitaient, plutôt que d'utiliser une expression aussi vague qu'«être traités d'une façon plus juste».

Nous avons travaillé afin de trouver comment ils pouvaient exprimer leurs demandes dans un langage d'action positif. À l'issue de notre rencontre, les élèves avaient formulé clairement trente-huit mesures qu'ils voulaient voir mises en œuvre dans leur école.

Le lendemain, les élèves retournèrent chez le directeur et lui firent part de leurs demandes. Cette fois, ils les exprimèrent en utilisant le langage d'action positif que nous avions exercé. Plus tard ce soir-là, ils m'appelèrent, ravis, pour me dire que le directeur avait répondu favorablement aux trente-huit demandes! Trois jours plus tard, un représentant de l'administration des écoles locales m'a téléphoné pour me demander de venir dans son secteur afin d'y enseigner aux directeurs ce que j'avais appris aux élèves.

Faire la différence entre demander et exiger

Un troisième aspect de la demande, en Communication NonViolente, implique que l'on connaisse la différence entre demander et exiger. Quand les gens entendent notre demande comme une exigence, ils se disent que, s'ils n'obtempèrent pas, ils seront blâmés ou punis. Une fois la demande perçue comme une exigence, ils ne voient que deux réactions possibles: la soumission ou la rébellion. Dans les deux cas, ils nous perçoivent alors comme contraignants et n'ont sûrement plus envie de répondre avec bienveillance à ce que nous souhaitons.

Prenons un exemple. Si une enseignante dit à un élève: «Accepterais-tu de déplacer ton pupitre au fond de la classe afin que je puisse installer ma table à fossiles ici?», il peut s'agir tout aussi bien d'une demande que d'une exigence, telles que je les définis. La différence entre les deux ne réside pas dans le degré de politesse du ton employé, mais dans la manière dont la personne qui a fait la demande va traiter son interlocuteur si celui-ci ne lui répond pas favorablement.

Si donc l'élève réagit en disant: «Je préférerais rester où je suis», et que l'enseignante rétorque: «Ce n'est pas très aimable de ta part!», selon moi il s'agissait là d'une exigence. En effet, l'enseignante porte un jugement moral sur la décision de l'élève, plutôt que d'essayer de comprendre ses raisons.

Voici un scénario similaire:

L'enseignante: Pourrais-tu déplacer ton pupitre au fond de la classe afin que je puisse installer ici ma table à fossiles?

L'élève: Je préférerais laisser mon pupitre là où il est.

L'enseignante: Tu me blesses en refusant de faire ce que je te demande. Tu sais bien, pourtant, combien cette collection de fossiles compte pour moi!

Dans ce scénario, nous voyons que, lorsque l'élève dit non, l'enseignante laisse entendre qu'il l'a blessée. Lorsque nous reprochons aux autres les sentiments que nous éprouvons, c'est souvent dans l'espoir qu'ils vont se sentir coupables de ne pas avoir fait ce que nous leur avons demandé. Plus nous prenons un «non» comme un rejet et comme la cause de notre mécontentement, plus nos demandes futures seront susceptibles d'être reçues comme des exigences.

EXERCICE N° 4

L'expression des demandes

Pour voir si nous sommes d'accord sur la façon de formuler des demandes claires, veuillez encercler le chiffre qui précède les phrases dans lesquelles la personne qui parle fait une demande d'action précise de manière explicite.

1. «Je veux que tu te montres respectueux.»
2. «J'aimerais que tu sois attentif quand je parle.»
3. «J'aimerais que tu me dises comment tu comprends les objectifs que j'ai pour ce projet.»
4. «J'aimerais qu'à l'avenir vous soyez à l'heure.»
5. «J'aimerais que tu me dises si tu veux bien prévoir un moment pour discuter de ce qui s'est passé entre Jean et toi aujourd'hui.»
6. «J'aimerais que tu fasses plus d'efforts.»
7. «J'aimerais que tu ranges, dans les cinq minutes, tout le matériel dont tu t'es servi.»
8. «J'aimerais que tu lui expliques ce qui se passe avec tes propres mots.»
9. «J'aimerais que vous leviez la main lorsque vous ne comprenez pas mes instructions. Est-ce que quelqu'un se sent mal à l'aise avec cette proposition?»
10. «J'aimerais que nous jouions de façon loyale.»

VOICI MES RÉPONSES À L'EXERCICE N° 4:

1. Si vous avez encerclé ce chiffre, nous ne sommes pas d'accord. Pour moi, les mots «que tu te montres respectueux» n'expriment pas clairement une demande d'action spécifique. La personne

qui parle aurait pu dire: «J'aimerais que tu répondes à ma question ou que tu me dises quels besoins t'en empêchent.»

2. Si vous avez encerclé ce chiffre, nous ne sommes pas d'accord. Pour moi, les mots «que tu sois attentif» n'expriment pas clairement une demande d'action spécifique. Celui qui s'exprime aurait pu dire: «Quand j'aurai terminé ce que je vais dire, j'aimerais que tu me répètes ce que tu auras compris.»
3. Si vous avez encerclé ce chiffre, nous sommes d'accord: cette phrase exprime clairement l'action requise par la personne qui parle.
4. Si vous avez entouré ce chiffre, nous ne sommes pas d'accord. À mes yeux, les mots «que vous soyez à l'heure» ne précisent pas clairement l'action spécifique attendue. Celle qui parle aurait pu dire: «J'aimerais que vous me disiez si, à partir d'aujourd'hui, vous êtes d'accord d'avoir rangé vos vestes et vos sacs à dos et d'être assis à votre place quand la cloche sonnera?»
5. Si vous avez encerclé ce chiffre, nous sommes d'accord: cette phrase exprime clairement la demande faite par la personne qui parle.
6. Si vous avez entouré ce chiffre, nous ne sommes pas d'accord. Pour moi, les mots «que tu fasses plus d'efforts» n'expriment pas clairement une demande d'action spécifique. La personne qui parle aurait pu dire: «J'aimerais que tu me dises ce que je pourrais faire pour t'aider à te concentrer sur ce travail jusqu'à ce qu'il soit terminé.»
7. Si vous avez encerclé ce chiffre, nous sommes d'accord: cette phrase exprime clairement l'action requise par la personne qui parle.

8. Si vous avez encerclé ce chiffre, nous ne sommes pas d'accord. L'expression «que tu lui expliques ce qui se passe avec tes propres mots» n'exprime pas clairement une demande d'action spécifique. La personne qui parle aurait pu dire: «J'aimerais que tu lui dises ce que tu n'aimes pas dans ce qu'elle a fait, comment tu te sens à ce sujet, et quels sont tes besoins non satisfaits.»
9. Si vous avez encerclé ce chiffre, nous sommes d'accord: cette phrase exprime clairement l'action requise par la personne qui parle.
10. Si vous avez encerclé ce chiffre, nous ne sommes pas d'accord. L'expression «de façon loyale» n'exprime pas clairement une demande d'action spécifique. La personne qui parle aurait pu dire: «J'aimerais que vous me disiez si vous êtes d'accord que chacun ne joue qu'une fois, jusqu'à ce que tout le monde ait eu son tour.»

Le chemin est le but

Si notre objectif est simplement de vouloir changer le comportement des autres, ou d'obtenir d'eux qu'ils fassent ce que nous voulons, la Communication NonViolente n'est pas une langue pour nous. Elle est destinée à ceux qui souhaitent que leurs interlocuteurs n'accèdent à leurs demandes que s'ils le font de leur plein gré et à partir d'un élan du cœur.

En d'autres termes, la Communication NonViolente convient à ceux qui cherchent un processus pour améliorer la qualité de leurs relations, plutôt qu'un moyen d'obtenir des autres qu'ils se conforment à leurs désirs. Quand nos interlocuteurs apprennent à avoir confiance dans notre engagement à rechercher une qualité de lien – par la sincérité et l'empathie – et que notre objectif est que les besoins de tous soient satisfaits, ils arrivent à croire que nos demandes sont vraiment des demandes et pas des exigences.

Ainsi, l'enseignante qui voulait changer la disposition de sa salle de classe aurait pu découvrir, en s'efforçant de comprendre pourquoi son élève préférait ne pas déplacer son pupitre, que ce dernier, myope, voulait rester au premier rang. Au cours de la conversation, un autre élève aurait très bien pu se porter volontaire pour bouger le sien, afin de faire de la place pour la table à fossiles. Les besoins de chacun auraient ainsi été comblés, sans que quiconque soit critiqué ou culpabilisé.

Mes enfants m'ont donné quelques sérieuses leçons sur ce sujet. Je m'étais mis en tête que mon rôle de père consistait à avoir des exigences. Mes enfants m'ont appris que je pouvais exiger d'eux tout ce que je voulais sans pour autant parvenir à les contraindre à quoi que ce soit!

C'est une leçon d'humilité, en termes de pouvoir, si vous imaginez que votre rôle consiste à changer les gens et leurs comportements, parce que vous êtes enseignant ou directeur. Voilà que mes enfants m'ont appris que je ne pouvais les contraindre à quoi que ce soit... Mon seul pouvoir était de leur faire regretter de ne pas avoir cédé à mes exigences. Et ils m'ont montré que chaque fois que j'avais été assez idiot pour leur forcer la main, ils pouvaient à leur tour me le faire regretter.

Nos demandes peuvent être interprétées comme des exigences, quelle que soit notre manière de les formuler

Certaines personnes, bien sûr, entendront des exigences et des critiques, quelle que soit l'assiduité de nos efforts pour éviter ces formes de communication. Lorsque nous sommes en position d'autorité et que nos interlocuteurs ont vécu, dans le passé, des expériences avec des personnes qui ont exercé leur autorité par la contrainte, il y a encore bien plus de chances que nos propos soient interprétés comme coercitifs.

Par exemple, l'administration d'un établissement scolaire m'a un jour demandé d'expliquer à ses professeurs comment la Communication NonViolente pouvait les aider à communiquer avec les élèves qui ne se montraient pas aussi coopérants que les professeurs le souhaitaient. Il fut convenu que j'allais rencontrer quarante élèves considérés par le corps enseignant et l'administration de l'école comme «socialement et psychologiquement inadaptés».

L'expérience m'a appris que, lorsque nous étiquetons les gens ainsi, nous avons tendance à adopter ensuite à leur égard une attitude qui renforce le comportement que l'on déplore – ce que nous interprétons alors comme une confirmation de la justesse de notre diagnostic. Si vous étiez un élève et que vous vous sachiez ainsi catalogué, ne vous sentiriez-vous pas encouragé à résister à toutes les sollicitations qui vous sont faites? C'est la raison pour laquelle je n'ai pas été surpris, lorsque je suis entré dans la classe, d'y voir près de la moitié des élèves penchés à la fenêtre, criant des obscénités à leurs camarades restés dans le préau.

J'ai commencé par faire une demande: «J'aimerais que vous veniez tous vous asseoir pour que je puisse vous dire qui je suis et ce que je voudrais faire avec vous aujourd'hui.» La moitié des élèves prit place. Comme je n'étais pas certain que tous m'aient entendu, je réitérai ma demande. Le reste des élèves vint progressivement s'asseoir, à l'exception de deux, qui restèrent accoudés à la fenêtre. Malheureusement pour moi, c'étaient les deux plus solides gaillards de la classe!

Je m'adressai alors directement à eux. «Excusez-moi, messieurs, l'un de vous pourrait-il me répéter ce qu'il m'a entendu dire?» L'un d'entre eux me regarda sans aménité et grogna: «Ouais. Vous avez dit qu'il faut qu'on vienne s'asseoir.» Je me dis intérieurement: «Mmm... Il a interprété ma demande comme une exigence.»

Je repris alors: «Monsieur...» (J'ai appris à dire «monsieur» aux personnes ayant des biceps comme les siens – surtout lorsque ceux-ci sont tatoués!), «voudriez-vous me dire comment j'aurais pu vous faire part de ce que je souhaitais sans que cela vous donne l'impression que vous êtes obligé de le faire?» Interloqué, il répondit: «Hein?» Il avait été tellement conditionné à entendre des exigences émanant de tous ceux qui représentaient l'autorité qu'il lui était visiblement très difficile de prendre ma demande pour ce qu'elle était et non comme une exigence.

J'ai alors tenté de dire les choses autrement. «Comment puis-je vous faire savoir ce que j'attends de vous sans que cela semble être un ordre?»

Il a réfléchi un moment à ce que je venais de dire, puis a répondu: «J'en sais rien.»

«Ce qui se passe en ce moment entre vous et moi, poursuivis-je, illustre bien ce que j'avais envie d'aborder avec vous aujourd'hui. Je crois que les gens s'apprécieraient davantage s'ils pouvaient exprimer ce qu'ils souhaitent sans se donner d'ordres. Cependant, je ne sais comment m'y prendre, quand je vous dis ce que j'aimerais, pour que vous me croyiez: ça ne veut pas dire que vous devez le faire et que je vais vous rendre la vie impossible si vous ne le faites pas.» À mon grand soulagement, le jeune homme parut comprendre ce que je disais. Lui et son ami rejoignirent le groupe et nous eûmes une journée très productive.

Nous pouvons aider les personnes à comprendre que notre demande n'est pas une exigence en ajoutant certains mots indiquant que nous ne voulons les voir y accéder que si elles ont véritablement envie de le faire. Ainsi, on pourra dire: «Est-ce que tu veux bien essuyer le tableau?» plutôt que: «J'aimerais que tu essuies le tableau.» Cependant, le moyen le plus puissant de faire comprendre aux gens que nos requêtes ne sont pas des exigences reste d'avoir un accueil empathique s'ils n'obtempèrent pas.

Revenons à l'élève qui n'a pas envie de lire tel livre de littérature française. Vous lui avez dit que vous étiez déconcerté (vous vous sentiez également découragé, mais le terme «déconcerté», plus neutre, a moins de chance de stimuler un sentiment de culpabilité) et que vous vouliez contribuer à son instruction, mais que vous vous demandiez comment il pourrait apprendre sans lire le livre. Vous en êtes maintenant à votre demande : elle est positive, concrète, immédiate, et n'est pas une exigence : «Serais-tu disposé à me dire ce qui te retient de lire ce livre ?»

À ce stade, nous avons vu la première moitié du processus de la Communication NonViolente, qui concerne la façon de parler ce langage au service du vivant. L'autre moitié concerne l'écoute au service du vivant.

Elle nous permettra de savoir comment réagir quand l'élève répondra : «Ce bouquin est d'un casse-pied !...»

La CNV dans l'enseignement

DU PLAISIR POUR CHACUN

Une formatrice enseigne la Communication NonViolente à un groupe de quinze enfants, âgés de cinq à huit ans, après les heures de cours. Le groupe se rencontre quotidiennement dans la salle de gym de l'école. Pendant les vingt premières minutes, les participants dégustent leur casse-croûte en bavardant et en jouant, puis l'enseignante propose une activité ou un jeu, conçus pour permettre aux élèves d'intégrer les principes de la CNV en s'amusant.

Un jour, les enfants participent à un jeu coopératif dans lequel chacun place un sac de fèves sur sa tête et, sur fond musical, les élèves marchent ou courent dans la salle de gym en essayant de garder le sac sur la tête. Si le sac tombe, ils doivent s'immobiliser : interdiction de le ramasser eux-mêmes ; ils doivent attendre qu'un de leurs camarades le fasse, puis le leur remette sur la tête, après quoi ils peuvent se remettre en mouvement. Après avoir joué de cette façon pendant un moment, deux garçons commencent à faire tomber les sacs de la tête de leurs copains et, très vite, tous les enfants les imitent, courant en tous sens pour faire tomber les sacs des autres.

L'enseignante est extrêmement contrariée et anxieuse. Elle veut de l'ordre et s'assurer que chacun est en sécurité. Elle crie : « Je veux que tout le monde s'assoie immédiatement en cercle ! »

Près de la moitié des élèves courent s'asseoir dans le cercle peint sur le sol. Les autres continuent à courir autour d'eux, de plus en plus vite, en commençant à se jeter les sacs de fèves à la figure.

« Arrêtez immédiatement ! » *crie-t-elle encore plus fort qu'auparavant.* « Je veux que vous veniez vous asseoir par terre, tout de suite ! »

Pendant que les élèves se dirigent vers le cercle, un petit garçon de sept ans nommé Simon vient vers l'enseignante et le dialogue suivant s'engage :

Simon : Vous êtes fâchée, Madame Aline ?

L'enseignante (surprise et reconnaissante d'être entendue) : Oui, Simon, je me sens passablement contrariée juste là. Ça me fait chaud au cœur de voir que tu l'as remarqué. Dis-moi, comment as-tu perçu ce que je ressentais ?

Simon : Je l'ai vu à la façon dont vous avez ramassé les sacs de fèves.

L'enseignante (riant) : Donc, tu as clairement vu que j'étais contrariée ?

Simon : Ouais.

L'enseignante : Eh bien, ça m'apporte du soutien que tu t'en sois rendu compte. Je me sens déjà plus détendue.

L'enseignante réclame alors l'attention de l'ensemble du groupe, puis s'adresse à tous, à présent assis en cercle : Il y a quelques minutes, quand je vous ai crié de vous arrêter et de venir vous asseoir, je me sentais extrêmement contrariée. Je voudrais que nous nous amusions et jouions tous ensemble. Je voudrais que ce soit un plaisir, or ce qui s'est passé ne m'apportait pas de plaisir, principalement parce que j'avais peur que l'un de vous puisse se faire mal. Est-ce que quelqu'un voudrait me répéter ce qu'il m'a entendue dire jusqu'ici ?

Premier élève : Vous avez dit que vous aviez peur que nous nous fassions du mal.

Deuxième élève : Et vous avez dit que vous vous sentiez contrariée.

L'enseignante : Merci d'avoir entendu cela. C'est si bon d'être entendue ! Je suis aussi reconnaissante à Simon d'être venu vers moi pour me demander si j'étais fâchée. C'est vrai que j'ai été très énervée pendant quelques minutes. Je me sens plus détendue maintenant, mais j'aimerais quand même voir comment nous pourrions nous amuser davantage sans que j'aie à m'inquiéter pour votre sécurité. Et j'aimerais savoir comment vous avez vécu ce jeu ?

Troisième élève : Je l'ai trouvé chouette. J'aurais voulu jouer plus longtemps.

Quatrième élève : Ouais, personne n'a eu mal.

Cinquième élève : Ça m'a fait mal quand tu m'as tapé sur la tête.

Quatrième élève : C'est pas vrai.

L'enseignante : Si je comprends bien, certains ont eu du plaisir et d'autres pas. C'est bien ça ?

Les élèves opinent de la tête.

L'enseignante : J'aimerais que nous trouvions une façon de jouer dans laquelle chacun ait du plaisir et tout le monde soit en sécurité. Quelqu'un a-t-il une idée sur une manière de s'y prendre ?

L'enseignante et les élèves utilisent le reste du temps à discuter de la façon dont tout le monde pourrait s'amuser en toute sécurité. Comme cela arrive souvent, l'expérience vécue se révèle être un apprentissage plus valable pour les enfants que les jeux que l'enseignante a planifiés pour eux ce jour-là. Le groupe termine la session en décidant d'essayer trois versions différentes du jeu la prochaine fois, afin de voir laquelle répondra le mieux à tous leurs besoins.

CHAPITRE 3

ENTENDRE LES MESSAGES AVEC EMPATHIE

L'empathie

Ce chapitre est consacré aux moyens d'entendre avec empathie les messages qui nous sont adressés et de les écouter avec des oreilles qui soient au service de la vie. L'empathie est une forme de compréhension particulière, à ne pas confondre avec une compréhension intellectuelle, ou même avec la sympathie. L'empathie nécessite que l'on écoute de tout son être, d'une écoute que le philosophe Tchouang-Tseu décrit comme suit:

> *L'écoute qui passe seulement par les oreilles est une chose. L'écoute pour comprendre en est une autre. Mais l'écoute de l'esprit ne se limite pas à une faculté, ni à l'ouïe, ni à l'intellect. Par là même, elle requiert un état de vacuité de toutes les facultés. Lorsque cet état est atteint, tout l'être écoute. Il y a alors une préhension directe de ce qui est juste là devant soi, qui ne peut jamais être entendu par l'oreille ni compris par l'intellect.*
>
> — Du livre de Thomas Moore sur l'Œuvre de Tchouang-Tseu

Une des composantes de l'empathie est la capacité d'être pleinement présent à ce que notre vis-à-vis ressent, et à ce dont il a besoin, sans se perdre dans un brouillard de diagnostics ou d'interprétations. Pour cela, il importe que nos pensées ne s'égarent pas dans les méandres de l'analyse, tandis que nous paraissons écouter la personne en face de nous. Nous ne voulons pas être comme ce personnage de bande dessinée auquel son ami vient de faire la remarque: «J'ai l'impression que tu ne m'écoutes pas quand je te parle» et qui lui répond: «Tu as raison. Je préfère réfléchir à ce que je vais dire ensuite plutôt qu'à ce que tu dis maintenant.»

Cette façon d'être pleinement présent nécessite également que nous nous débarrassions de toute idée préconçue ou de tout jugement que nous aurions vis-à-vis de notre interlocuteur. Je ne veux pas dire par là que je défends l'idée de supprimer ou de refouler nos sentiments. Il s'agit plutôt d'être tellement concentré sur ce que ressent celui qui parle que nos propres réactions ne peuvent interférer.

Pour illustrer la nature de l'attention requise par l'empathie, je trouve l'exemple suivant utile: rappelez-vous un jour où vous aviez une douleur physique, peut-être un mal de tête ou de dents, et où le livre que vous lisiez à ce moment-là vous a totalement captivé. Qu'est-il arrivé à la douleur? Vous ne l'avez plus sentie. Vous ne l'avez pas supprimée, simplement votre attention était à ce point concentrée sur ce que vous lisiez que vous n'avez plus eu conscience de la douleur. C'est la même chose pour l'empathie: notre attention est tellement focalisée sur les sentiments et les besoins de notre interlocuteur, à cet instant, que nous n'avons pas conscience de penser à autre chose.

Cette analogie avec la douleur corporelle peut également nous aider à faire la différence entre empathie et sympathie. Lorsque nous disons à quelqu'un: «Cela me fait de la peine d'entendre que tu souffres autant», nous ne sommes pas reliés de façon empathique à la souffrance de cette personne. Nous exprimons la peine que nous ressentons, peine qui est stimulée par la douleur de l'autre. Il s'agit là de sympathie. Une réponse empreinte de sympathie peut aussi être un cadeau pour l'autre personne, au moment opportun. Si nous réagissons avec sympathie après nous être reliés à la personne de façon empathique, cela peut renforcer notre lien avec elle. En revanche, si nous répondons avec sympathie lorsque l'autre a besoin d'empathie, cela peut nous séparer.

Restituer verbalement ce que nous entendons

Écouter avec attention est l'une des composantes de l'empathie, une autre est de nous assurer que ce que nous pensons avoir entendu est bien ce qui a été dit. «Je sais que tu penses avoir compris ce que tu crois que je t'ai dit, mais je ne suis pas sûr que tu réalises que ce que tu as entendu n'est pas ce que j'ai voulu dire.» C'est un enseignant qui m'a fait part de cette citation d'origine inconnue, lors d'un séminaire. J'apprécie la clarté avec laquelle cette phrase nous rend vigilants sur le fait que nous sommes parfois convaincus d'avoir parfaitement saisi ce que voulait dire notre interlocuteur, alors qu'il n'en est rien. Verbaliser notre compréhension de ses sentiments et besoins est un bon moyen de vérifier si nous l'avons pleinement compris ou non.

Ainsi, nous pourrions répondre à un enfant de maternelle qui dit d'une voix gémissante qu'il veut rentrer: «Est-ce que ta maman te manque et est-ce que tu aimerais être à la maison avec elle?», juste pour entendre: «Non! J'ai trouvé un nid d'oiseau hier et je veux rentrer à la maison pour le chercher et le montrer à toute la classe!»

Deux raisons peuvent nous pousser à refléter verbalement ce que nous avons entendu. La première est de vérifier si nous avons compris de façon exacte ce que l'autre personne ressent et ce dont elle a besoin. Le fait de restituer verbalement ce qu'elle a dit lui permet de nous corriger si notre compréhension ne correspond pas à ce qu'elle tentait de dire.

La seconde raison de redire ce que nous avons compris dépend de notre perception lorsque nous pressentons que notre interlocuteur aimerait recevoir une telle confirmation. Quand nous offrons notre empathie de cette manière, nous cherchons à deviner ce que l'autre personne ressent et ce dont elle a besoin, plutôt que de le lui imposer. Si nous nous trompons, nous la laissons rectifier; nous ne voulons pas lui donner l'impression que nous savons mieux qu'elle ce qu'elle ressent intérieurement.

Cela reste vrai même si la personne à qui nous souhaitons offrir notre empathie n'ouvre pas la bouche. Ainsi peut-on demander à un enfant qui est tout seul dans un coin de la cour de récréation: «Est-ce que tu te sens seul parce que tu aimerais avoir des copains pour jouer et que les autres sont entre eux?» plutôt que de dire, comme si l'on constatait un fait: «Je vois que tu te sens seul et que tu voudrais avoir des copains pour jouer avec toi.»

Parfois notre empathie peut être communiquée non verbalement, sans que nous ayons besoin de refléter notre compréhension de vive voix. Lorsque nous sommes totalement présents à ce qui est vivant en l'autre, notre expression est différente de celle que nous avons quand nous analysons la personne ou que nous pensons à ce que nous allons dire ensuite. Quelle que soit la façon dont l'empathie est exprimée, elle touche l'un des besoins les plus profonds de l'être humain: celui de sentir que quelqu'un nous écoute vraiment, sans nous juger.

Après nous être reliés avec empathie aux sentiments et aux besoins exprimés par nos interlocuteurs, nous essayons de clarifier ce qu'ils peuvent vouloir de nous. Il arrive parfois que des personnes soient rapidement prêtes à faire une demande. Cependant les sentiments et besoins qu'elles ont exprimés en premier lieu peuvent être rattachés à d'autres sentiments et à d'autres besoins, et il se peut qu'elles aient besoin de plus d'empathie avant de passer à une demande. (Par exemple, l'enfant isolé peut se sentir craintif ou fâché, aussi, après un différend avec l'un de ses camarades de classe.)

Deux signes nous indiquent que notre interlocuteur est prêt à formuler une demande. Premièrement, lorsque quelqu'un a reçu l'empathie dont il avait besoin à un moment donné, il se sent soulagé, et ce soulagement nous est en général perceptible. Le second signe, encore plus évident, est qu'il cesse de parler. Cela dit, il n'y a aucun mal à poser la question: «Y a-t-il autre chose que tu souhaites dire?», avant de l'inviter à faire une demande.

À l'écoute des demandes

À quoi peuvent ressembler les demandes d'une personne après qu'elle a goûté notre empathie? Parfois, elle est affamée de savoir comment nous nous sentons à propos de ce qu'elle nous a dit. Parfois, elle a envie de savoir si nous serions d'accord d'entreprendre certaines actions pour satisfaire les besoins qu'elle a mentionnés. Une des manières d'obtenir cette information est de deviner ce qu'elle souhaite et de vérifier si notre supposition est correcte. Ainsi, nous pourrions dire à l'enfant qui est seul: «Aimerais-tu que je t'aide à trouver quelqu'un pour jouer avec toi?»

Si nous n'arrivons pas à pressentir les sentiments, besoins ou demandes d'une autre personne, nous pouvons, bien sûr, lui demander de nous les dire. (Nous pourrions demander à l'enfant qui est seul, par exemple: «Est-ce que quelque chose ne va pas? Est-ce que tu veux m'en parler?») Quoi qu'il en soit, les autres ne disposent souvent pas d'un vocabulaire suffisamment étendu dans le registre des sentiments, besoins et demandes pour en faire part avec clarté. C'est pour cette raison que j'ai trouvé plus utile, chaque fois que cela est possible, de deviner les sentiments et besoins de l'autre, puis de vérifier si ce que j'ai imaginé est juste.

Se mettre en lien de façon empathique

Pour aider les enseignants à développer leur capacité à se mettre en lien de façon empathique avec leurs élèves, je joue souvent le rôle de l'élève qui n'a pas terminé ses devoirs et qui, interrogé à ce sujet, répond: «Je déteste faire ce boulot; il est embêtant. J'veux faire autre chose.» À ce stade, il arrive que l'enseignant avec lequel je travaille dise quelque chose comme: «C'est ridicule d'offrir de l'empathie dans ce cas; ce que ressent l'élève et ce dont il a besoin est évident.» Je demande donc à l'enseignant de vérifier avec moi, en entrant en empathie avec ce que je viens de dire (dans le rôle de l'élève). Alors il essaie de manifester son empathie: «Es-tu en train de me dire que tu ne veux rien faire qui te demande un peu de travail?» À ce stade, je lui fais remarquer qu'une telle réponse est une interprétation intellectuelle des sentiments et besoins de l'élève, et pas une tentative de se relier à ceux-ci.

Nous essayons encore. Je répète (*dans le rôle de l'élève*): «Je déteste faire ce boulot; il est embêtant et j'veux faire autre chose.»

Il arrive que l'enseignant déclare alors: «Oh, tu veux dire que tu voudrais que je te laisse faire tout ce qui te plaît, aujourd'hui?» Je souligne alors qu'il est en train de mélanger ce qui pourrait être une demande de l'élève avec les besoins de ce dernier. Je rappelle à l'enseignant que les besoins ne contiennent aucune référence à une personne particulière entreprenant une action spécifique.

Il est fréquent que quatre ou cinq tentatives soient nécessaires au professeur avant qu'il soit en mesure de refléter fidèlement les sentiments et les besoins de l'élève.

Voici quelques réactions courantes d'enseignants devant le message: «Je déteste ce boulot, il est embêtant. J'veux faire autre chose.»

Justifier ou expliquer: «Si tu veux aller à l'université, c'est très important que tu fasses ce travail.»

Interroger (à l'aide de questions destinées à obtenir d'autres informations que les sentiments et besoins de la personne) : « Qu'y a-t-il de si ennuyeux à faire ce travail ? »

Prétendre qu'on a compris, mais sans vérifier : « Je comprends » ou : « Moi aussi, à ton âge, je suis passé par là. »

S'excuser ou manifester de la sympathie : « Je suis désolé que tu éprouves ça » ou bien : « Je suis triste que tu te sentes comme ça. »

Juger : « C'est idiot. Ce livre est un classique. »

Approuver : « Je suis d'accord avec toi. Moi non plus, je n'ai jamais aimé cette œuvre. »

Désapprouver : « Je ne partage pas ton avis. Ce livre est mon œuvre préférée. »

Interpréter : « Tu essaies tout simplement d'échapper au travail. »

Conseiller : « Pourquoi n'attends-tu pas quelques minutes afin de voir si tu ne changerais pas d'avis ? »

Prendre sur soi : « Je dois être un bien mauvais professeur si je n'arrive pas à t'intéresser à ce livre. »

Proposer immédiatement une solution au problème : « Que pourrions-nous faire pour rendre ce travail plus attrayant ? »

En fin de compte, l'enseignant dira : « Donc tu t'ennuies en lisant cette œuvre, et tu en as marre d'essayer péniblement d'avancer dans cette lecture ? »

- Ouais, c'est même pas du bon français.
- Ah, tu t'ennuies vraiment quand tu arrives aux passages qui sont écrits en dialecte, et tu en as marre ?
- Ouais, j'arrive même pas à comprendre.
- Alors tu es insatisfait et tu aurais besoin d'un peu d'aide ?

Une question qui m'est souvent posée, en lien avec l'empathie, est celle-ci : « L'élève ne risque-t-il pas de penser qu'on ferme les yeux sur ce qu'il pense et ressent, si on le reflète de cette manière ? » J'essaie alors d'expliquer qu'il y a une différence entre compréhension empathique et approbation. Je peux montrer de la compréhension envers les sentiments et besoins d'un élève sans que cela implique pour autant que je les partage, que je les accepte ou même que je les aime.

Une autre inquiétude, souvent exprimée par des professeurs, est qu'offrir de l'empathie signifie s'engager dans d'interminables discussions qui ne sont pas pratiques, vu les contraintes de temps dans une salle de classe. Les enseignants me demandent souvent: «Que feront les autres élèves pendant que je consacre tout ce temps à être en empathie avec l'un d'eux?» J'ai cependant la croyance que l'empathie fait fréquemment gagner du temps, plutôt qu'en perdre.

Je me réfère à des recherches réalisées au sujet des négociations dans la gestion du travail; elles indiquent que le temps requis pour résoudre les conflits peut être considérablement réduit lorsqu'une règle simple est respectée: chaque participant doit paraphraser les dires de l'interlocuteur précédent avant de déclarer quoi que ce soit pour les réfuter.

Je constate le même résultat dans une salle de classe. Une fois que l'élève réalise que son professeur veut comprendre plutôt que contraindre, il y a plus de chances qu'une attitude de coopération se mette en place, accélérant la résolution du problème, plutôt que de la freiner. Donc, quand des professeurs me disent: «Mais, dans une classe, il faut bien dire aux élèves ce qu'ils doivent faire; on ne peut tout de même pas passer tout son temps à leur expliquer qu'on les comprend!», je leur rappelle qu'ils passent une partie considérable de leurs journées à dire et redire aux élèves ce qu'ils doivent faire. Le temps que passe un professeur à répéter maintes fois à un élève de faire une tâche, sans que ce dernier ne la fasse, est souvent plus long que celui nécessaire pour comprendre pleinement les sentiments et besoins de l'élève.

Je me suis souvent aperçu que les enseignants confondaient la notion d'être en empathie avec le fait de paraphraser, ou de simplement redire à l'interlocuteur ses mots exacts. Je définis le processus d'empathie comme similaire à celui qui consiste à traduire une langue étrangère dans notre propre langue. En traduisant, l'objectif est de trouver le sens exact du message original, puis de le transposer en des termes plus familiers. De la même façon, quand nous offrons de l'empathie, le but est de traduire le message exprimé en sentiments et en besoins.

Si notre interlocuteur est en train d'exprimer ses sentiments et ses besoins, il peut arriver qu'un ou plusieurs des mots utilisés dans notre reflet soient exactement les siens. Bien sûr, notre intention est bien plus importante que les mots que nous employons. Parfois, un regard ou un geste transmet ce lien empathique sans que nous ayons à dire quoi que ce soit.

Une de mes amies, directrice d'un établissement que nous étions en train de transformer en école utilisant les principes de la Communication NonViolente, m'a raconté l'histoire suivante :

« Je revenais de déjeuner, un jour, quand j'ai trouvé Milène (une élève d'école primaire) assise sur une chaise en train de m'attendre, l'air abattu. Je me suis assise près d'elle et elle m'a dit :

« "Madame Anderson, avez-vous déjà passé une semaine durant laquelle tout ce que vous avez fait a blessé quelqu'un, alors que vous n'aviez jamais eu l'intention de blesser qui que ce soit ?"

« "Oui, ai-je répondu, je crois comprendre."

« Milène a alors continué à me raconter ce qui s'était passé pendant la semaine avec sa sœur, et dans sa classe avec les enfants et la maîtresse. À ce moment précis, j'étais en retard pour une réunion importante, je n'avais pas encore enlevé mon manteau, et j'étais inquiète à l'idée de faire attendre une salle pleine, aussi ai-je demandé : "Milène, que puis-je faire pour toi ?"

« Milène s'est alors levée de sa chaise, a posé ses mains sur mes épaules et, me regardant droit dans les yeux, m'a dit d'un ton très ferme: “Madame Anderson, je ne vous demande pas de faire quoi que ce soit; je veux juste que vous m’écoutiez.”

«Ce fut l’un des moments les plus riches d’enseignement de toute ma vie - et il me fut donné par une enfant. “Au diable cette réunion d’adultes!”, me dis-je. Nous sommes allées avec Milène sur un banc à l’écart, et nous nous sommes assises, mon bras entourant ses épaules, sa tête sur ma poitrine, son bras autour de ma taille, et elle m’a parlé jusqu’à ce qu’elle ait dit tout ce qu’elle avait sur le cœur.»

Établir un lien empathique avec les autres lorsqu’ils n’ont pas envie de s’exprimer ou ne savent pas comment s’y prendre

Il y a malheureusement peu d’élèves qui, comme Milène, sont désireux de partager leurs sentiments et leurs besoins. On leur a enseigné la langue des systèmes de domination et ils ont appris à dissimuler leurs messages de différentes manières. C’est pour cela que j’aimerais que les enseignants soient capables d’établir le contact avec les sentiments et besoins de leurs élèves, même si ces derniers ne savent pas comment les dire ouvertement.

Pour apprendre à être en empathie avec des personnes qui ne partagent pas directement leurs sentiments et leurs besoins, je me rappelle que ce que je suis susceptible d’interpréter comme une attaque, une critique ou une insulte de leur part pourrait être mieux compris si j’y voyais l’expression de leurs besoins insatisfaits et, par voie de conséquence, de leur souffrance. Ou, comme le dit Hugh Prather: «Si quelqu’un me critique, cela ne me diminue en rien. Il ne s’agit pas d’une critique de ma personne, mais d’une pensée critique qui lui appartient. Il parle de ses pensées et de ses sentiments, pas de mon être.» (*Notes to Myself*, Hugh Prather, 1970)

Pour pouvoir être en empathie, lorsqu'un élève ne partage pas ouvertement ce qu'il vit, il est nécessaire que l'enseignant apprenne à déceler les sentiments et les causes de ceux-ci dans les messages de ce type: exigences, jugements, questions, communications non verbales et demandes.

Voici quelques exemples d'empathie offerte par un enseignant, en lien avec un sentiment ou un besoin non exprimé:

Première situation: L'enseignant exprime son insatisfaction face à l'attitude d'un élève.

Message de l'élève: «Vous êtes méchant!»

Reflet empathique de l'enseignant: «Te sens-tu blessé et as-tu besoin de plus de respect que ce que tu as cru entendre dans la manière dont je viens de te parler?»

Deuxième situation: Une élève arrive en classe un matin, elle ne parle à personne et s'assied à l'écart.

Message de l'élève: Elle est silencieuse et a une expression sur son visage que le professeur interprète comme de la souffrance.

Reflet empathique de l'enseignant: «Es-tu bouleversée et as-tu besoin de compréhension?»

Troisième situation: Des élèves ont dit à un de leurs camarades de les laisser tranquilles.

Message de l'élève: «Personne ne m'aime.»

Reflet empathique de l'enseignant: «Est-ce que tu te sens triste et est-ce que tu as besoin d'être accepté par les autres?»

Quatrième situation: Un parent a demandé à rencontrer le professeur pour discuter des problèmes que sa fille a eus avec lui.

Message du parent: «Ma fille s'est toujours très bien entendue avec tous ses autres professeurs.»

Reflet empathique de l'enseignant: «Est-ce que vous êtes contrarié et voudriez-vous être rassuré que votre fille reçoit l'attention dont elle a besoin?»

Je travaillais avec des élèves de huitième année dans une école de Washington et leur apprenais à se relier aux sentiments et aux besoins derrière tout message. Je leur demandai d'établir une liste de phrases que leurs parents, professeurs et camarades avaient dites et qu'ils interprétaient comme des critiques; puis je leur montrai de quelle manière ils pouvaient apprendre à déceler les sentiments et besoins qui se trouvaient derrière ces paroles. Je leur dis que chaque message qui semblait une critique était en réalité une chanson - une chanson que j'allais leur interpréter. Il s'agissait de «Vois la beauté en moi», de Kathy et Red Grammer.

Vois la beauté en moi
Cherche le meilleur en moi.
C'est ce que je suis réellement,
Et tout ce que je veux être.
Cela peut prendre du temps,
Cela peut être difficile à trouver,
Mais vois la beauté en moi.

Vois la beauté en moi
Chaque jour:
Peux-tu saisir l'occasion,
Peux-tu trouver un moyen
De me voir rayonner
Dans tout ce que je fais
Et voir la beauté en moi?[1]

1. *See Me Beautiful* de Kathy et Red Grammer, © 1986, Smilin Atcha Music Inc. (disponible auprès de Red Note Records 800-824-2980).

Je revins un mois plus tard dans la même ville. Alors que je parlais avec une enseignante de cette école, elle me dit avec un large sourire: «Savez-vous quels monstres vous avez créés? Chaque fois que nous commençons à les houspiller, les élèves se prennent par le bras et se mettent à chanter "Vois la beauté en moi"!»

EXERCICE N° 5

Faire la différence entre un accueil empathique et un accueil dénué d'empathie

Si vous souhaitez faire un exercice pour voir si nous sommes d'accord à propos de l'empathie, encerclez le chiffre précédant les phrases dans lesquelles la personne B accueille avec empathie les préoccupations de la personne A.

1. *Personne A (l'élève) :* Personne ne m'aime.
   Personne B (l'enseignante): Mais si, ils t'aiment! C'est juste qu'ils ne te connaissent pas très bien, parce que tu es timide.
2. *Personne A (l'élève) :* Je n'arrive pas à résoudre ce problème de math. Je suis bête.
   Personne B (l'enseignant) : Est-ce que tu es frustré, tu aimerais mieux comprendre les mathématiques?
3. *Personne A (un des parents) :* Ma fille ne me confie rien.
   Personne B (l'enseignante) : Avez-vous essayé de l'écouter davantage?
4. *Personne A (le directeur de l'école) :* Il faut que vous parveniez à faire remonter les notes d'examen de vos élèves.
   Personne B (l'enseignante) : Êtes-vous inquiet et voulez-vous nous protéger des conséquences déplaisantes qui pourraient advenir si nous ne montrons pas de meilleurs résultats?

5. *Personne A (l'élève) :* Patricia est toujours la chouchou du prof.
   Personne B (l'enseignante) : Est-ce que tu es fâché parce que je lui demande souvent de m'aider?
6. *Personne A (l'élève) :* Je déteste l'école.
   Personne B (l'enseignant) : Je sais exactement ce que tu ressens. Moi non plus je n'aimais pas l'école à ton âge.
7. *Personne A (l'élève) :* Je trouve que c'est injuste que l'autre classe ait une récréation plus longue que la nôtre.
   Personne B (l'enseignante) : C'est parce qu'ils sont plus petits.
8. *Personne A (un des parents) :* Vous donnez trop de devoirs aux élèves. Ma fille pleure tous les soirs de peur de ne pas arriver à tout faire.
   Personne B (l'enseignant) : Êtes-vous inquiète au sujet de la santé et du bien-être de votre fille?
9. *Personne A (l'élève) :* Je ne veux pas en parler.
   Personne B (l'enseignante) : Je ne vois pas comment nous allons pouvoir résoudre ce problème si tu ne veux pas en parler.
10. *Personne A (l'élève) :* Je ne veux pas que la cloche sonne. Je n'arriverai jamais à finir mon histoire.
    Personne B (l'enseignant) : Es-tu frustrée parce que tu aimerais être sûre de pouvoir terminer ton histoire, maintenant que tu es si près de la fin?

VOICI MES RÉPONSES À L'EXERCICE N° 5:

1. Je n'ai pas encerclé ce chiffre parce que j'entends la personne B offrir du réconfort, puis une analyse de la situation vécue par la personne A, au lieu de recevoir sa préoccupation avec empathie.
   La personne B aurait pu dire: «Est-ce que tu te sens triste parce que tu aimerais vraiment avoir des amis?»

2. Si vous avez encerclé ce chiffre, nous sommes d'accord. J'entends la personne B accueillir ce que dit la personne A avec empathie.
3. Je n'ai pas encerclé ce chiffre parce que j'entends la personne B donner un conseil, plutôt que de recevoir avec empathie ce que dit la personne A.
   La personne B aurait pu dire: «Est-ce que vous vous sentez triste parce que vous aimeriez avoir davantage de proximité avec votre fille?»
4. Si vous avez encerclé ce chiffre, nous sommes d'accord. J'entends la personne B accueillir avec empathie ce que dit la personne A.
5. J'entends la personne B prendre la responsabilité des sentiments de la personne A plutôt que d'écouter sa préoccupation avec empathie.
   La personne B aurait pu dire: «Est-ce que tu es fâchée parce que tu voudrais avoir plus souvent l'occasion d'être utile?»
6. J'entends la personne B déclarer qu'elle a compris ce qui se passe et parler ensuite de ses propres sentiments plutôt que de recevoir avec empathie ce qui est en jeu pour la personne A.
   La personne B aurait pu dire: «Est-ce que tu te sens frustré, est-ce que tu voudrais plus d'aide sur ce sujet?»
7. J'entends la personne B donner des explications plutôt que d'accueillir avec empathie la préoccupation de la personne A.
   La personne B aurait pu dire: «Est-ce que tu es contrarié parce que tu voudrais que tout le monde soit traité de la même façon à l'école?»
8. Si vous avez encerclé ce chiffre, nous sommes d'accord. J'entends la personne B recevoir avec empathie ce que dit la personne A.

9. J'entends la personne B donner son opinion plutôt que de recevoir avec empathie la préoccupation de la personne A. La personne B aurait pu dire: «Est-ce que tu es fâché, veux-tu un peu de temps pour toi afin d'y voir plus clair?»
10. Si vous avez encerclé ce chiffre, nous sommes d'accord. J'entends la personne B accueillir ce que dit la personne A avec empathie.

CHAPITRE 4

INSTAURER DES RELATIONS DE PARTENARIAT ENTRE ENSEIGNANTS ET ÉLÈVES

Le partenariat dans l'établissement des objectifs et de l'évaluation

Dans la plupart des écoles, du système de domination, le rôle des enseignants est d'exercer un contrôle sur les élèves. On y présume que les professeurs savent ce que les élèves ont besoin d'apprendre, et comment ils sont censés se conduire. Sur la base de ce savoir, les enseignants ont le droit d'utiliser des tactiques d'«imposition du pouvoir» (récompense, punition, culpabilité, honte, devoir, obligation) pour contrôler les actions des élèves. C'est en se basant sur cette même hypothèse que les autorités scolaires établissent leurs objectifs d'apprentissage de façon unilatérale. Cette façon de procéder a pour conséquence que la majorité des élèves n'entrevoient que les possibilités de se soumettre ou de se rebeller ; quant aux professeurs, qui ne sont pas tout à fait à l'aise dans ce rôle de «détenteurs du pouvoir», ils se sentent impuissants à changer la situation.

Mais si nous voulons préparer nos élèves à créer et à faire durer des organisations au service de la vie, je propose que nous donnions l'occasion aux étudiants de s'associer en tant que partenaires avec les enseignants et les directeurs d'école. L'une des manifestations d'un tel partenariat implique l'établissement commun des objectifs d'apprentissage.

Des objectifs dont le dessein est d'enrichir la vie

Afin que des objectifs puissent être établis d'un commun accord, il est nécessaire que les enseignants expliquent clairement en quoi la vie de leurs élèves serait améliorée par la poursuite des objectifs choisis. Il s'agit là d'un élément capital, car une éducation au service de la vie nécessite que les actions des enseignants et des élèves soient motivées par l'intention d'embellir leur vie, et non par la peur de la punition ou l'espoir d'une récompense extérieure (une meilleure note ou une bourse d'études, par exemple), et encore moins par quelque règle impliquant que les personnes en position d'autorité savent ce qui est bon pour nous.

Suis-je en train de plaider pour une école dans laquelle les élèves étudient ce qu'ils veulent, quand ils le veulent, soutenus par une politique de permissivité totale? Non, pas plus que je ne préconise la continuation du système de domination.

Il n'y a peut-être pas de moyen plus clair d'expliquer la différence entre la domination, la permissivité et l'éducation au service de la vie qu'en soulignant la façon dont les objectifs d'apprentissage y sont établis:

- Dans l'éducation de domination, les objectifs de l'enseignant sont poursuivis sans que l'engagement de l'élève soit nécessaire.

- Dans l'éducation permissive, les objectifs de l'élève sont poursuivis sans que l'engagement du professeur soit nécessaire.
- Dans l'éducation au service de la vie, seuls les objectifs qui sont acceptés d'un commun accord par le professeur et l'élève sont poursuivis.

Le processus pour établir des objectifs communs entre enseignants et élèves peut commencer ainsi : l'enseignant recommande un certain domaine d'études, et explique quels besoins, selon lui, pourraient être nourris par le fait d'aller dans cette direction. Si l'étudiant voit la valeur de l'itinéraire d'études proposé et donne son accord, on est parvenu à des objectifs communs. On peut également arriver à des objectifs communs lorsque c'est l'élève qui propose un domaine d'études que le professeur veut bien soutenir.

L'aptitude à dialoguer de la façon illustrée dans les chapitres 2 et 3 est essentielle pour que les enseignants puissent arriver à des objectifs d'apprentissage partagés avec leurs élèves. Pour favoriser l'engagement des élèves envers ces objectifs, les enseignants doivent non seulement être sincèrement convaincus de la nature enrichissante des objectifs recommandés, mais ils doivent également être capables de communiquer en quoi ces objectifs seront en mesure d'améliorer la vie des élèves.

Si et lorsque des élèves sont peu enclins à poursuivre certains objectifs, l'enseignant aura besoin de ces aptitudes en communication pour s'aider à comprendre les raisons de leurs réticences. Ainsi, l'enseignant pourra-t-il déterminer s'il existe une façon de rendre ces objectifs plus attrayants, ou découvrir que d'autres objectifs conviendraient mieux à ses élèves que ceux qu'il a initialement préconisés.

Si je me retourne sur les objectifs pédagogiques que les professionnels de l'éducation avaient déterminé comme devant m'être utiles au cours des années, je peux dire que leurs prévisions n'ont pas été fameuses. Je ne considère pas que ma vie ait été enrichie de façon significative par la majorité des sujets qu'il m'a été donné d'étudier. Rétrospectivement, je vois un grand nombre de domaines d'apprentissage dans lesquels j'aurais préféré m'investir et qui m'auraient été beaucoup plus utiles que ceux que l'on a choisis pour moi.

Bien sûr, il est beaucoup plus facile pour les enseignants et les élèves d'établir des objectifs communs lorsque les écoles sont structurées de manière à les soutenir pour ce faire. Quand l'administration d'une école a préétabli un programme de cours, deux possibilités existent pour les professeurs et les élèves : ils peuvent d'un commun accord décider d'ignorer le programme déjà fixé, en étant conscients des conséquences négatives que cela peut entraîner (par exemple, des résultats médiocres aux examens) ; ou bien, ils peuvent décider ensemble de l'adopter pour éviter ces conséquences négatives. Dans ce cas, peut-être pourront-ils trouver des façons créatives d'enseigner et d'apprendre le programme fixé.

Les élèves ont toujours eu le choix

Impliquer les élèves en tant que partenaires dans l'établissement des objectifs n'est pas une démarche aussi radicale qu'on pourrait le croire à première vue. En effet, que leur droit d'être des partenaires pour l'établissement d'objectifs soit reconnu ou non, les élèves ont toujours le choix. J'ai remarqué qu'un plus grand nombre d'élèves décident d'adopter les objectifs proposés par les enseignants et les directeurs lorsque ces objectifs sont présentés comme des options recommandées (en supposant, bien sûr, que ces objectifs sont susceptibles d'enrichir la vie des élèves) que lorsqu'ils sont présentés comme quelque chose qui doit être fait.

En d'autres mots, la différence entre des programmes scolaires d'une éducation au service de la vie et des programmes scolaires d'un système de domination ne repose pas sur le fait que le choix des objectifs est présent dans les premiers et absent dans les seconds. La différence réside dans le fait que ce choix est reconnu et respecté dans les programmes scolaires d'une éducation au service de la vie, alors qu'il est occulté dans les programmes éducatifs des systèmes de domination.

J'ai eu un échange avec le directeur d'une école secondaire, dans une grande ville américaine, qui s'est montré extrêmement ennuyé lorsque j'ai émis la possibilité de permettre aux élèves de devenir des partenaires décisionnels dans les modalités de leur apprentissage. Il protesta, disant que, selon lui, il y avait des choix que les élèves ne devaient tout simplement pas être autorisés à faire. Je lui demandai de m'en donner un exemple.

«Dans cet État, m'a-t-il répondu, la loi oblige les jeunes à aller à l'école jusqu'à seize ans. Ils n'ont pas le choix d'y aller ou pas.»

J'ai trouvé cela plutôt comique. Pour quelle raison me trouvais-je dans cette école? Parce que le Département de l'instruction publique avait sollicité mes services afin que je travaille dans les établissements scolaires de leur ville qui avaient un taux d'absentéisme non expliqué de trente pour cent ou plus chaque jour! Les responsables espéraient que je pourrais fournir au corps enseignant de ces écoles des idées qui leur permettraient de rendre leurs cours plus attrayants pour les élèves. Et, bien que le directeur ait prétendu que les élèves n'avaient pas le choix d'aller ou non à l'école, au moins trente pour cent d'entre eux savaient qu'ils l'avaient, ce choix!

Lors d'une pause, ce jour-là, un des professeurs me dit: «Si vous voulez voir quelque chose d'amusant, venez dans notre école pour voir les élèves rigoler quand le directeur annonce par haut-parleur qu'ils sont obligés de venir à l'école tous les jours. Les trente pour cent qui devraient entendre ce message ne sont pas là!»

Ce que redoutent les enseignants à l'idée que les élèves définissent leurs objectifs

Quelques enseignants et directeurs engagés dans des programmes de domination se montrent choqués lorsque je leur fais la suggestion de considérer leurs élèves comme des partenaires à part égale dans l'établissement des objectifs. Je trouve les enseignants particulièrement inquiets à cette perspective, pour deux raisons. Ils craignent tout d'abord que l'ignorance des élèves interfère avec leur connaissance de ce qu'ils savent être le mieux pour eux.

J'ai entendu par exemple des professeurs de première année déclarer: «Je ne vois pas comment on pourrait établir des objectifs communs avec des élèves de première année; ils en savent trop peu au sujet des possibilités qui leur sont offertes pour pouvoir faire des choix avisés.» Des enseignants d'école secondaire m'ont dit: «Je ne vois pas comment on pourrait établir des objectifs consensuels sur des sujets techniques avec des élèves qui ne connaissent rien en la matière.» Je ne trouve pas que l'ignorance des élèves justifie l'établissement unilatéral des objectifs par les professeurs. Si un professeur croit fermement en un objectif particulier, j'aimerais le voir prendre la responsabilité d'informer ses élèves de l'importance de celui-ci, jusqu'à ce qu'ils se montrent disposés à s'y engager activement.

La seconde raison pour laquelle les enseignants se montrent réticents à établir des objectifs d'un commun accord avec leurs élèves concerne la possibilité qu'un élève refuse des valeurs que l'enseignant considère comme essentielles. Il n'est plus question ici de l'ignorance supposée de l'étudiant; l'étudiant n'admet tout simplement pas que l'objectif est important. Dans cette situation, un grand nombre d'enseignants croient à la «théorie des épinards», que l'on peut sommairement résumer ainsi: «Même si maintenant ils n'aiment pas les épinards, si je les force à en manger, ils finiront par me remercier de l'avoir fait.»

Cette manière de penser m'inquiète pour deux raisons. Tout d'abord, je me demande combien de jeunes finiront par aimer les «épinards» si on les leur présente de cette façon. Pour une anecdote racontée par un enseignant illustrant comment ses élèves ont fini par aimer les «épinards», j'ai entendu dix élèves raconter combien ils haïssaient leurs professeurs pour les avoir forcés à en manger!

En second lieu, même si davantage d'élèves apprenaient à aimer les «épinards» qu'on les a obligés à manger, je continue à m'inquiéter du fait que ce qu'ils ont pu apprendre du comportement du professeur, c'est que, si l'on croit fermement à une chose, on a le droit de «l'imposer à quelqu'un d'autre pour son bien». J'ai vu trop de dégâts découler d'une telle façon de penser pour souhaiter la voir se perpétuer dans nos établissements scolaires.

Et si, en fin de compte, un professeur ne parvient pas à convaincre un élève de l'importance de certains objectifs, j'espère qu'il restera ouvert à l'une ou l'autre des trois possibilités suivantes:

- Que ces objectifs n'ont pas de valeur aux yeux de l'élève, et ne devraient donc pas lui être présentés comme étant essentiels ou obligatoires.
- Que ces objectifs ont une valeur, mais que l'enseignant n'a pas encore réussi à la faire percevoir clairement à l'élève: dans ce cas, l'enseignant reconnaît que pousser le dialogue plus avant est nécessaire.
- Que l'enseignant communique à la fois sa conviction que ces objectifs sont importants et son désir que l'élève les atteigne, mais également le fait que l'élève ne sera pas puni s'il ne les atteint pas.

Exemples de l'établissement d'objectifs communs

Dans une classe de première année, dans une école primaire du Montana, l'institutrice commence le semestre en expliquant aux élèves qu'elle aimerait leur enseigner autant de lecture, de mathématiques, de sciences et de langues qu'ils ont envie d'en apprendre. Puis elle expose l'éventail des possibilités de ce que chacun peut avoir appris d'ici la fin du semestre. Elle leur montre, par exemple, un livre qu'ils pourraient apprendre à lire, des problèmes de mathématiques qu'ils seraient capables de résoudre et, de cette manière, elle essaie de clarifier ce qu'ils pourraient acquérir dans chacune des branches.

L'enseignante continue ensuite en invitant les élèves à lui faire part de leurs choix quand ils auront décidé ce qu'ils ont envie d'apprendre. Pendant ce temps, ils sont libres de se déplacer pour examiner le matériel d'apprentissage qu'elle a exposé dans plusieurs endroits de la classe. Aussitôt que les élèves lui ont communiqué le choix de leurs objectifs, l'enseignante établit avec chacun des sous-objectifs.

Par exemple, si les élèves déclarent qu'ils souhaitent lire le livre qui leur a été proposé, l'enseignante peut leur demander s'ils connaissent les consonnes (en montrant, bien sûr, ce qu'elle entend par «consonne»). Si les élèves répondent par la négative, l'enseignante peut se mettre d'accord avec eux sur un objectif immédiat, qui serait d'apprendre six consonnes.

Un deuxième exemple sur la manière d'arriver à des objectifs d'apprentissage partagés concerne cette fois un cours de sciences politiques à des étudiants préparant leur licence, dans une université du Missouri. Le professeur a souvent jusqu'à trois cents élèves dans son cours, ce qui signifie qu'établir des objectifs d'apprentissage individuellement prendrait un temps fou. Alors, le premier jour des cours, il distribue une liste de douze objectifs. Les étudiants sont invités à sélectionner ceux qui les intéressent, à noter leur choix sur une feuille de papier, et à y apposer leur signature avant de la remettre au professeur. Ce document sert de contrat entre l'élève et le professeur, montrant qu'ils souscrivent d'un commun accord à l'atteinte de ces objectifs. Quant à ceux qui ne sont intéressés par aucun des douze objectifs proposés, le professeur les invite à une rencontre en privé afin d'examiner d'autres propositions qui les intéresseraient davantage.

Entendre le besoin caché derrière un « non »

Pour parvenir à l'établissement d'objectifs communs, il est fréquemment nécessaire que l'enseignant entende le besoin exprimé lorsqu'un étudiant dit « non », ou « je ne veux pas de ce que vous proposez ». Si les professeurs ont acquis des compétences en matière de Communication NonViolente, ils perçoivent alors le besoin qui se trouve derrière ce type de déclarations. De tels messages signifient souvent : « J'ai peur d'échouer et j'ai besoin de me protéger de la douleur que j'ai ressentie chaque fois que je n'ai pas été capable de réussir » ou « Je souffre de problèmes personnels et j'ai besoin de compréhension. Tant que ce besoin ne sera pas comblé, je n'aurai pas l'énergie nécessaire pour poursuivre un apprentissage. »

Une fois qu'il aura clarifié le besoin derrière le « non », l'enseignant sera davantage en mesure de satisfaire ce besoin d'une façon qui permettra à l'élève de poursuivre de bonne grâce les activités scolaires proposées.

Et, bien entendu, le professeur doit être constamment ouvert à la possibilité que le « non » de l'élève signifie que ses besoins ne pourront pas être satisfaits par ce que l'enseignant lui propose, et qu'il pourrait être bénéfique, autant pour l'enseignant que pour l'élève, de trouver des solutions de rechange à ce qui a été initialement proposé.

Une enseignante m'a donné un exemple d'application de ce savoir-faire en matière de communication lorsqu'elle résolut un conflit avec l'un de ses élèves de sixième année. L'incident eut lieu le deuxième jour d'école. L'enseignante venait de proposer plusieurs objectifs pour les maths. Chaque élève en avait choisi un, à l'exception d'un garçon qui n'avait pas réagi et regardait par la fenêtre d'un air maussade. L'enseignante s'est rappelé le dialogue qu'elle avait eu avec cet élève.

L'enseignante : Tu sembles t'ennuyer et ne pas avoir d'intérêt pour les objectifs de mathématiques que j'ai suggérés. On dirait que tu aimerais faire quelque chose d'autre.

L'élève (en colère) : Les maths, c'est stupide !

L'enseignante : Il semble que tu détestes vraiment les maths et que tu voudrais faire quelque chose de plus utile pour toi.

L'élève : Ouais.

L'enseignante : Je suis déçue de moi-même. Je voulais rendre les mathématiques attrayantes, mais je vois bien que je n'y suis pas parvenue avec toi.

L'élève : De toute façon, je ne vois pas pourquoi nous devons faire des maths.

L'enseignante : Est-ce que tu as besoin de réaliser l'importance d'une matière avant de l'étudier ? Tu ne vois aucune raison d'étudier les maths ?

L'élève : Ouais.

L'enseignante : Je me sens confuse, à présent, car je ne sais pas si tu ne vois pas en quoi les maths pourraient t'être utiles ou si tu n'aimes tout simplement pas en faire. J'aimerais savoir de quoi il s'agit pour toi.

L'élève : C'est juste trop difficile.

L'enseignante : Tu veux dire que tu te sens frustré et que tu aurais besoin de plus d'aide pour comprendre comment résoudre les problèmes ?

L'élève : Ouais, et c'est ennuyeux.

L'enseignante : Donc, tu t'ennuies en les faisant et tu voudrais avoir des moyens de les rendre plus excitants ?

L'élève : Oui.

L'enseignante : J'ai confiance que nous pourrions arriver à les rendre plus faciles et plus amusants, j'aimerais essayer.

L'élève : Comment ?

L'enseignante : J'aurai besoin de ton aide. Il faudra que tu me dises chaque fois que le travail devient ennuyeux ou difficile. Alors, nous pourrons expérimenter ensemble pour trouver des moyens de le rendre plus facile et plus compréhensible.

L'enseignante (s'efforçant d'être empathique envers le comportement non verbal de l'élève) : Tu sembles encore avoir des doutes…

L'élève : Et si vous êtes trop occupée ?

L'enseignante : Tu voudrais savoir comment on procéderait dans ce cas ?

L'élève : Mmm… mmm…

L'enseignante : Dans ce cas, je te demanderais de faire un autre travail jusqu'à ce que je sois disponible. Je ne voudrais pas que tu continues à travailler les maths si tu es bloqué.

Avec cette sécurité que l'enseignante ferait de son mieux pour ajuster le travail à son niveau de compétences et ferait tout son possible pour le rendre plus intéressant, l'élève eut l'élan de s'engager à atteindre un objectif en mathématiques.

Je ne veux pas dire, en donnant cet exemple, que les résolutions consensuelles se terminent toujours par l'acquiescement des élèves aux propositions du professeur. Comme dans toutes les interactions au service du vivant, ce qui rend la résolution commune possible est que l'objectif du professeur ne soit pas de convaincre l'élève de faire ce que lui, l'enseignant, veut, mais d'instaurer entre eux une qualité de lien qui permettra que tous deux voient leurs besoins comblés.

Dans des situations où le professeur et l'élève se sont mis d'accord de poursuivre l'objectif de l'élève plutôt que celui du professeur, j'ai souvent vu des enseignants interpréter cette possibilité comme une «défaite» du professeur, ou comme une «victoire» de l'élève. Une telle interprétation est assez stressante pour des personnes qui croient qu'il est de leur «devoir», en tant qu'enseignants, de veiller à ce que l'élève fasse «ce qui est bon pour lui» (ce qui signifie qu'il fasse ce que veut le professeur). Pour ma part, je crois que les enseignants ne «perdent» que lorsqu'ils se soumettent à une décision contre leur volonté, et non quand ils ont décidé de changer de position après avoir compris les sentiments et les besoins de l'élève.

EXERCICE N° 6

Entendre le besoin caché derrière un «non»

Il est utile de nous entraîner à entendre les besoins auxquels les personnes disent «oui», lorsqu'elles répondent par «non» à nos demandes, cela afin d'établir des objectifs communs et d'instaurer un climat de respect réciproque, plutôt que d'imposer nos désirs aux autres. Veuillez encercler le chiffre précédant les phrases dans lesquelles la personne B s'efforce d'entendre les besoins de la personne A au moment où celle-ci dit «non».

1. *Personne A (l'élève) :* «Non. Je ne passerai pas mon temps libre à l'aider dans son travail.»
   Personne B (l'enseignante) : «Nous devons tous nous entraider.»
2. *Personne A (l'élève) :* «Je n'ai pas à saluer le drapeau.»
   Personne B (le professeur) : «Si tu ne le fais pas, tu devras aller t'expliquer chez le directeur.»

3. *Personne A (un des parents) :* « Je ne vais pas obliger ma fille à faire une chose en laquelle elle ne croit pas. »
   Personne B (le professeur) : « On dirait que vous voulez soutenir votre fille dans son désir de rester authentique et fidèle à elle-même. »
4. *Personne A (la directrice de l'école) :* « Non, vous ne pouvez pas supprimer les notes dans votre classe. »
   Personne B (le professeur) : « Je ne peux continuer à participer à un système scolaire qui classe les élèves, et qui contribue au stress et à une compétition impitoyable. »
5. *Personne A (l'élève) :* « Je ne participerai pas à un projet de groupe. »
   Personne B (l'enseignant) : « Allez, fais au moins un essai avant de dire non… »
6. *Personne A (l'élève) :* « Ce devoir est tellement stupide ! Je ne le ferai pas. »
   Personne B (le professeur) : « Tu aimerais t'assurer que le travail que tu fais a du sens à tes yeux ? »
7. *Personne A (l'élève) :* « Je ne dirai pas que je suis désolé puisque je ne le suis pas. »
   Personne B (le professeur) : « J'ai bien peur que tu sois amené à le regretter, si tu ne le dis pas. »
8. *Personne A (une mère) :* « Je n'ai pas envie de rester assise ici à vous écouter me dire ce qui ne tourne pas rond chez mon enfant. »
   Personne B (l'enseignante) : « Il semble que vous aimeriez davantage de pondération dans cette conversation, et que vous aimeriez m'entendre dire ce que j'admire et apprécie chez votre enfant, tout autant que ce qui me préoccupe. »
9. *Personne A (l'élève) :* « Vous ne me ferez pas réciter de la poésie. »

Personne B (le professeur) : « Tu ne trouves pas ça extraordinaire ? »

10. *Personne A (l'élève) :* « Colorier les cartes de géographie est tellement casse-pied ! »
Personne B (l'enseignant) : « Aimerais-tu trouver une autre façon d'étudier la géographie ? »

VOICI MES RÉPONSES À L'EXERCICE N° 6 :

1. Je n'ai pas encerclé ce chiffre parce que je vois la personne B sermonner la personne A avec l'intention de la culpabiliser, plutôt que d'entendre ce qui se passe en elle. J'imagine que la personne A a besoin de respect pour son autonomie et de soutien pour la façon dont elle choisit d'utiliser son temps.
2. Je vois que la personne B menace la personne A plutôt que d'entendre ce qui se passe en elle. Ma supposition est que la personne A a besoin de protéger son autonomie.
3. Si vous avez encerclé ce chiffre, nous sommes d'accord sur le fait que la personne B s'efforce d'entendre les besoins de la personne A.
4. Je vois la personne B émettre son opinion d'une façon impliquant que la personne A a tort, au lieu d'entendre les besoins de cette dernière. Je devine que la personne A a besoin de prise de responsabilité et de faire le meilleur usage de son énergie.
5. Je vois la personne B faire une suggestion plutôt qu'écouter les besoins de la personne A. Je peux imaginer que la personne A a besoin de se protéger de revivre des frustrations et des insatisfactions qu'elle a déjà connues dans un projet de groupe.
6. Si vous avez encerclé ce chiffre, nous sommes d'accord sur le fait que la personne B entend ce à quoi la personne A accorde de la valeur.

7. Si vous avez encerclé ce chiffre, nous ne sommes pas d'accord. J'entends la personne B émettre une menace voilée et essayer de contraindre la personne A par la peur, plutôt que d'entendre ses besoins. Le professeur aurait pu demander: «As-tu besoin d'empathie pour la souffrance que tu éprouves?»
8. Si vous avez encerclé ce chiffre, nous sommes d'accord sur le fait que la personne B entend les besoins de la personne A.
9. Je trouve que la personne B insiste et sollicite une opinion plutôt que d'entendre les besoins de la personne A. Une proposition indiquant que la personne B est à l'écoute des besoins de la personne A serait: «Voulez-vous vous préserver d'éprouver des sentiments pénibles comme l'embarras ou la peur?»
10. Si vous avez encerclé ce chiffre, nous sommes d'accord sur le fait que la personne B s'efforce d'entendre les besoins de la personne A.

La partie essentielle de l'apprentissage

J'ai participé à un cours de psychothérapie donné par Carl Rogers. Dans les dix premières minutes du cours, j'ai appris une leçon précieuse sur l'importance de l'engagement de l'élève dans l'établissement des objectifs d'apprentissage.

Rogers a commencé le cours d'une manière qui ne m'était pas familière. Au lieu d'entrer dans le vif du sujet et de diriger l'enseignement, il s'est simplement assis et a attendu que nous lui disions ce que nous voulions retirer du cours. Un de mes camarades a exprimé son insatisfaction devant cette méthode non directive, et lui a dit qu'il avait payé ses frais de scolarité pour apprendre ce que Rogers avait à lui offrir, et qu'il voulait savoir pourquoi Rogers ne nous proposait pas des informations sur la psychothérapie. Avec sincérité, Rogers accueillit le mécontentement de l'élève avant de répondre: «Je crois que la plupart des gens, quelles que soient leurs compétences et leur créativité dans un domaine particulier, n'ont probablement pas plus d'une ou deux idées originales sur le sujet. Je pourrais vous présenter en cinq minutes les quelques concepts de la psychothérapie qui me sont attribués. Mais que ferions-nous ensuite, pendant tout le reste du semestre ? »

La réponse de Rogers a apparemment stimulé de l'irritation chez l'étudiant, qui répondit : « Je suis d'accord sur le fait que personne ne sait tout sur un sujet. Mais vous savez mieux que nous ce qui a été fait dans ce domaine et ce qu'il est important d'apprendre. »

Encore une fois, Rogers a écouté attentivement les revendications de l'élève avant de répondre : « Il se peut que j'aie une meilleure compréhension que vous du domaine de la psychothérapie. Et j'ai peut-être une meilleure vision de ce que l'on enseigne habituellement dans ce domaine. Néanmoins, je suis réticent à décider seul de l'enseignement qui vous serait profitable, parce que je crois que l'aspect le plus important de ce qu'on peut apprendre consiste à choisir ce qui vaut la peine d'être appris. Si je faisais ce choix seul, je garderais pour moi la partie essentielle de l'apprentissage. »

Cette leçon est restée présente à mon esprit depuis lors et m'aide à me rappeler l'importance de voir les étudiants comme des partenaires, pour déterminer ce qui vaut vraiment la peine d'être appris.

Les peurs que les élèves ont de s'engager à définir leurs objectifs

Il n'est pas rare que des élèves qui ont passé plusieurs années dans des écoles de domination se sentent mal à l'aise quand on leur donne la possibilité d'établir leurs propres objectifs d'apprentissage. « Écoutez, dira l'un d'eux, je ne veux pas de toutes ces négociations avec vous. Dites-moi juste ce qu'il est bon que j'apprenne. »

Alors, quand j'enseigne et que j'entends ce genre de commentaire, j'offre d'abord mon empathie à l'élève pour son inconfort. Puis je lui suggère d'essayer de prendre plaisir à une approche nouvelle et radicale que je vais proposer. M'adressant alors à la classe, je dis: «J'aimerais un vote à main levée. Combien d'entre vous sont ici parce qu'ils savent quel sujet est au programme et qu'ils veulent vraiment l'apprendre?» Ce sera le groupe A. «Et combien d'entre vous sont ici parce qu'ils ont peur de ce qui pourrait leur arriver s'ils n'étaient pas ici?» Ce sera le groupe B.

Je dois dire que, dans pratiquement toutes les écoles dans lesquelles j'ai travaillé, les trois quarts des élèves se retrouvent dans le groupe B. Après le vote à main levée, je propose d'attendre, pour commencer le cours, que tout le monde se trouve dans le groupe A – sachant que personne ne doit rejoindre ce groupe à partir d'un sentiment de peur ou par obligation. Les conversations qui naissent alors entre les deux groupes ne concernent pas seulement la valeur du contenu du cours, mais tournent aussi autour des valeurs des élèves et de mes valeurs personnelles.

Quelques élèves n'arrivent jamais à apprécier cette approche, ou en tout cas ne l'admettront pas, mais la plupart finissent par en reconnaître la valeur. C'est souvent l'élève qui a soulevé la première objection qui apporte ensuite les raisons les plus convaincantes pour lesquelles ce cours va être un enrichissement au service du vivant (même s'il est peu familiarisé avec ce concept), et il se montrera plus habile que moi à convaincre les élèves du groupe B de se joindre au groupe A.

Le partenariat dans l'évaluation

La relation de partenariat entre élèves et enseignants, dans un système d'éducation au service de la vie, se reflète aussi dans la manière choisie pour déterminer que les objectifs d'apprentissage ont été atteints. Cela implique la capacité de créer des objectifs mesurables et les moyens d'évaluer s'ils ont été atteints.

Si un enseignant apprend à établir des objectifs partagés clairs, attrayants et applicables avec ses élèves, il en résulte d'après moi six conséquences qui accroissent l'autonomie et l'interdépendance des élèves, et soutiennent le partenariat entre professeurs et élèves.

1. Lorsque les objectifs sont mesurables et qu'ils ont été établis de façon consensuelle, les élèves deviennent moins dépendants des professeurs. En fait, une fois que les élèves savent exactement en quoi consistent ces objectifs et comment mesurer qu'ils les ont atteints, il peut arriver que les élèves les atteignent sans aucune aide du professeur. Inversement, si les objectifs n'existent que dans la tête des enseignants, les élèves n'ont d'autre choix que d'attendre passivement leurs instructions.
2. Lorsque les objectifs sont mesurables et établis de façon consensuelle, l'évaluation peut être objective, plutôt que subjective. L'un des avantages à formuler les objectifs en termes du comportement de l'élève, c'est que des critères peuvent être définis pour déterminer concrètement si et quand l'objectif a été atteint. Dans la majorité des cas, les élèves peuvent se tester eux-mêmes pour voir où ils en sont par rapport au but qu'ils se sont donné. Cela permet à l'enseignant et aux élèves d'échapper à l'évaluation arbitraire du «jeu des notes». Une fois que les critères ont été définis d'un commun accord, les étudiants continuent à travailler jusqu'à ce qu'ils aient atteint leur objectif.
3. Lorsque les objectifs sont établis d'un commun accord et qu'ils sont mesurables, l'élève, selon moi, devient capable de jouer un rôle plus actif dans son auto-évaluation. Cela découle des

avantages exposés précédemment. Autrement dit, lorsque les objectifs ont été formulés en termes clairs et mesurables, les élèves sont davantage en mesure d'évaluer leurs propres performances et de jouer un rôle plus actif dans leur évaluation.

4. Lorsque les objectifs sont établis d'un commun accord et qu'ils sont mesurables, les élèves ont plus de chances d'avoir une sensation d'accomplissement. Une fois qu'ils ont pris connaissance des objectifs et de la manière de les évaluer, il leur est possible de poursuivre leurs travaux, jusqu'à ce qu'ils aient entièrement rempli leurs objectifs. À l'inverse, je crois qu'il est tout à fait possible que des élèves traversent douze années de scolarité sans jamais éprouver le sentiment d'avoir entièrement atteint un objectif, lorsque celui-ci est défini vaguement et que l'évaluation est arbitraire. Dans la plupart des cours, la seule chose demandée est d'obtenir aux examens des notes plus élevées que les autres élèves. Ainsi, des étudiants peuvent obtenir la note la plus élevée sans éprouver pour autant le sentiment d'avoir réellement appris quelque chose durant ce cours, la meilleure note pouvant être tout simplement obtenue en mémorisant davantage que les autres élèves (ou parce que la matière est connue préalablement). En ce qui me concerne, j'ai toujours trouvé plus de sens à atteindre un objectif d'apprentissage que j'avais moi-même établi qu'à recevoir une bonne note.
5. Lorsque les objectifs sont établis de façon consensuelle et qu'ils sont mesurables, les élèves s'engagent davantage à les atteindre que lorsque ceux-ci ont été mis en place pour eux. Je pense que l'apathie qui règne dans beaucoup de salles de classe peut être largement attribuée à un manque d'engagement des élèves vis-à-vis des objectifs qu'ils sont censés

atteindre. En fait, la plupart du temps, comme cela a déjà été mentionné, les élèves ne comprennent même pas clairement quels sont les objectifs. Des psychologues d'entreprise ont démontré à quel point le moral et la productivité sont liés à la détermination d'atteindre un but. Je crois que c'est faire fausse route que de commencer un cours tant que le professeur n'est pas convaincu que chaque élève est prêt à s'engager vis-à-vis de l'objectif proposé. Quand les élèves s'engagent activement, je constate que les problèmes de discipline s'atténuent considérablement. Plus les buts des professeurs et des élèves se rejoignent, moins j'anticipe de problèmes de contrôle.

6. Quand les objectifs sont établis de façon consensuelle et qu'ils sont mesurables, l'élève et le professeur sont préservés d'un manque de pertinence. Lorsqu'un enseignant s'efforce de montrer à un élève de quelle façon sa vie sera améliorée en poursuivant un certain but, il découvre tôt ou tard que certains aspects du cours ne semblent plus répondre aux besoins de l'élève. Peut-être étaient-ils pertinents lors de leur inclusion au programme cinquante ans auparavant, mais tel n'est plus le cas aujourd'hui.

Malheureusement, le fait de découvrir qu'un sujet n'a plus de pertinence pour les élèves ne signifie pas toujours qu'il sera retiré du programme. Parfois, la rigidité des institutions conduit à maintenir certains sujets, alors même qu'ils ont perdu depuis longtemps toute utilité. Dans de tels cas, comme je l'ai mentionné auparavant, je considère que l'honnêteté est la meilleure attitude à adopter envers les élèves. Cette honnêteté peut se formuler ainsi: «J'aimerais recommander l'objectif suivant, pour l'unique raison que le fait de l'atteindre est fort bien considéré au sein de cette école. Bien que je ne voie aucun intérêt à l'apprendre, je vous suggère de l'étudier afin de vous protéger du système actuel. Je serais très heureux d'explorer avec vous les différentes manières d'atteindre cet objectif de la façon la plus agréable possible.»

J'aimerais partager avec vous l'expérience d'un professeur qui s'efforça d'établir des objectifs communs avec un élève qui ne considérait pas la matière proposée comme enrichissante, alors qu'elle était obligatoire dans le programme scolaire. Le dialogue se déroula dans une classe de septième comptant trente élèves qui avaient des difficultés à suivre le programme standard. J'avais prêté main-forte à la conception du programme et formé le professeur qui avait été choisi pour l'enseigner.

Quand le professeur et les élèves ont discuté des objectifs qui devaient être atteints, l'enseignant a recommandé aux élèves l'apprentissage de la multiplication et de la division des fractions. Un des élèves a demandé en quoi il était si important d'acquérir cette compétence.

L'enseignant a répondu : «Certains métiers que vous ferez peut-être nécessitent que vous sachiez comment multiplier et diviser des fractions. Par exemple, si vous cuisinez, cela vous aidera à réduire ou à augmenter les proportions indiquées dans une recette. Et en menuiserie, cela aide à rapetisser ou à agrandir ce que vous construisez à partir d'un dessin à l'échelle.»

«Mais je ne deviendrai pas cuisinier ni menuisier», répliqua l'élève.

L'enseignant réfléchit un moment, puis déclara : «Maintenant que j'y pense, je n'ai jamais eu besoin de multiplier ou diviser des fractions depuis que j'ai quitté l'école.»

Après avoir pris un nouveau temps de réflexion, il ajouta : «Cela étant, je sais une chose : les problèmes qui exigent la multiplication et la division de fractions sont présents dans la plupart des examens de fin d'année, et si vous ne savez pas les faire correctement, vous allez probablement rester coincé dans des classes destinées aux élèves qui ont des difficultés d'apprentissage. De plus, ces problèmes sont également présents dans la plupart des examens de la fonction publique. Si vous ne savez pas comment les résoudre, cela réduira considérablement vos chances de trouver du travail plus tard. »

En entendant cela, l'élève qui avait posé des questions sur l'objectif proposé prit conscience qu'il lui serait profitable d'apprendre à multiplier et à diviser des fractions. Mais, même s'il n'avait pas choisi cet objectif, le professeur aurait respecté son choix, et cherché de quelle façon il pouvait éveiller son intérêt pour d'autres objectifs.

Lorsque des élèves et des enseignants n'entrevoient aucun enrichissement par le biais des sujets figurant au programme scolaire, une autre option pour eux peut être de travailler en partenariat pour essayer de retirer du programme des cours les objectifs qui, selon eux, n'ont aucune pertinence.

Oui à la responsabilité personnelle, non aux notes

Dans les programmes scolaires dont le but est de contribuer à l'enrichissement de la vie, des épreuves sont proposées afin de déterminer si les objectifs ont été atteints ; si tel n'est pas le cas, elles fournissent des informations sur ce que les élèves ont encore besoin d'intégrer pour y arriver. Les tests ne se font pas, en fin de cursus, dans le seul but de mettre des notes.

Dans une classe où l'on pratique une éducation au service de la vie, le suivi des progrès de chaque élève est réalisé par la description des compétences qu'il a acquises. Ce suivi peut être réalisé au moyen d'un bulletin ou par des rencontres avec les parents, si nécessaire. Si les rencontres avec les parents sont choisies, ma préférence serait que les élèves y soient présents.

Les notes n'existent pas dans les programmes scolaires au service de la vie. À leur place, des rapports décrivent exactement ce que les étudiants sont capables de faire à la fin de la période de leur apprentissage qu'ils n'étaient pas en mesure de faire au début de celui-ci.

J'entends souvent les professeurs me dire : « Mais nous sommes tenus de mettre des notes, dans notre système ! »

Je comprends les conditions auxquelles ils sont soumis. Je me souviens d'une époque où j'enseignais dans une école secondaire de St. Louis. Le directeur est venu me voir deux jours après la date de remise des notes pour me demander, furieux, pourquoi je n'avais pas rendu les miennes. Je lui ai répondu que j'avais opté pour un autre système d'évaluation.

Surpris par ma réponse, le directeur s'exclama : « Mais vous êtes obligé de rendre des notes ! » Je lui ai expliqué que j'avais fait le choix de ne pas en mettre parce que cette démarche était en contradiction avec mes valeurs. Le directeur m'a alors demandé de lui expliquer lesquelles de mes valeurs ne seraient pas respectées par le fait de mettre des notes.

Je lui répondis que la moitié des élèves de l'école étaient des Noirs, et que 80 % des échecs les concernaient. J'ajoutai que participer à un système d'évaluation qui contribuait à une discrimination raciale ne correspondait pas à mes valeurs.

Je développai ce sujet en lui expliquant que je considérais les notes comme injustes, car elles tenaient rarement compte des différences de niveau au début des cursus. Si des élèves commencent le semestre avec un avantage sérieux sur les autres en matière de compétences, ils auront sans doute de bonnes notes (à condition de ne pas trop agacer le professeur), et cela même s'ils n'ont acquis que peu ou pas de connaissances pendant le semestre. Inversement, les élèves qui commencent la période loin derrière les élèves privilégiés sont beaucoup plus susceptibles d'avoir des notes médiocres, même s'ils se sont considérablement améliorés pendant le semestre.

Je lui fis également remarquer que les notes contribuent à la motivation des élèves de manière extérieure, alors que je voulais m'assurer que mes élèves faisaient leur travail uniquement parce qu'ils étaient convaincus de sa valeur intrinsèque. J'exprimai mon inquiétude à propos des effets que cette motivation venant de l'extérieur avait sur les élèves. Je ne peux imaginer une meilleure façon de rendre des personnes inutilement anxieuses et soumises à autrui qu'en établissant des objectifs vagues qui conviennent au professeur, et en punissant ensuite les étudiants par une forme de désapprobation sociale, telle que les mauvaises notes, quand ceux-ci n'atteignent pas les objectifs.

Je poursuivis en lui disant que je voyais le système des notes transmettre le message que la compétitivité doit être mieux vue que l'interdépendance. Dans les écoles où l'on utilise les notes d'une façon compétitive, je vois les élèves apprendre non seulement qu'il est indiqué de marcher sur les autres pour avoir une meilleure note, mais que c'est même ce qui est attendu d'eux. J'expliquai que je préférais mettre l'accent sur l'interdépendance dans la classe, afin que les élèves découvrent que leur bien-être individuel est intimement lié à celui de leurs camarades. Dans une telle classe, on ne met pas l'accent sur la nécessité de rivaliser pour obtenir des notes élevées, mais sur la coopération entre tous les élèves, afin que les objectifs de tous soient atteints.

Finalement, j'expliquai que je comprenais très bien que le but des notes était la responsabilité, mais qu'à mes yeux les notes représentaient un système de responsabilisation assez pauvre. Je dis au directeur que j'étais en train de préparer un rapport précisant ce que chaque élève était en mesure de faire désormais, après avoir suivi mes cours, qu'il ne savait pas faire auparavant. Je soulignai que je faisais preuve d'un plus grand sens des responsabilités que les professeurs qui se contentent de rendre des notes qui, en fin de compte, en disent très peu sur les acquisitions faites par les élèves.

Je finis par convaincre le directeur de la pertinence de mes idées. D'autres enseignants, qui eurent moins de succès auprès des directeurs d'école en voulant les convaincre que les notes ne servaient pas l'intérêt des étudiants, ont tenté d'autres approches. Morrie Schwartz (héros du livre *La dernière leçon*), professeur à l'université de Brandeis durant la guerre du Vietnam, a refusé, avec tout le reste du corps enseignant, de mettre des notes éliminatoires à ses élèves, parce que celles-ci pouvaient facilement entraîner leur mobilisation et donc leur mort. Ils gratifièrent tous les étudiants d'un A.

Des études faites aux États-Unis démontrent que, si l'on mesure les progrès faits entre le début et la fin des cours, l'élève qui reçoit un A emmagasine la même quantité d'informations en un semestre que celui qui reçoit un D ou un F. Pourquoi? L'élève qui a obtenu un A connaît déjà la matière. Ses parents l'ont préparé; ils ont engagé un professeur particulier ou lui ont procuré des expériences pédagogiques enrichissantes que seuls les gens aisés peuvent s'offrir, et c'est pourquoi ce sont leurs enfants qui obtiennent les A. Ces élèves-là sont ceux qui lèvent la main tout de suite; ce sont eux qui ont les réponses.

On croit leur avoir enseigné quelque chose, mais ce n'est qu'une apparence.

Je ne voudrais pas faire croire que notre but est simplement de ne pas attribuer de notes. Comme dans tous les conflits lors desquels nous faisons usage de la Communication NonViolente, le but n'est pas d'arriver à nos fins. Nous voulons établir des liens, sur le plan humain, qui permettent l'assouvissement des besoins de chacun: dans le cas des anciennes traditions, comme celle de «mettre des notes», le dialogue entre les enseignants qui préfèrent ne pas en mettre et les directeurs qui insistent pour que l'on continue à en donner peut s'éterniser. C'est pourquoi en communiquant nos préférences non seulement aux directeurs, mais aussi aux élèves, aux parents et à nos collègues enseignants, nous cheminons pas à pas, ouvrant leurs yeux à de nouvelles et merveilleuses possibilités, vers le rêve partagé d'écoles où les élèves apprennent avec bonne volonté et ardeur, et pas seulement pour obtenir des A ou éviter des F.

La CNV dans l'enseignement

LES INTERROGATIONS

Une enseignante d'école secondaire raconte l'histoire suivante :
Ma classe est l'une des classes « autonomes » du district. Elle est réservée aux jeunes qui n'ont pu s'insérer dans le programme secondaire normal, généralement en raison d'un comportement agressif chronique ou parce qu'ils sont tellement déprimés qu'ils ne fonctionnent plus très bien. La classe ressemble souvent à une cocotte-minute, avec des explosions d'humeur aussi nombreuses qu'imprévisibles.

Avant de prendre en charge ma première classe en CNV, je me reposais exclusivement sur différentes techniques de modification de comportement pour maintenir l'ordre. Cela veut dire que je passais une grande partie de mon temps à appâter les jeunes par la promesse de récompenses, et à les menacer de punitions. Bien que ces techniques, en particulier la punition, m'aient souvent permis de les ramener à l'ordre, je savais depuis longtemps combien elles accentuaient le ressentiment, la colère et le manque d'estime de soi qui affectent ces élèves. Malheureusement, je ne disposais pas d'autres outils pour gérer la classe – jusqu'à ce que je découvre la CNV.

Lorsque j'entendis le formateur en CNV déclarer que les gens ne disent jamais autre chose que « s'il vous plaît » ou « merci », j'éclatai de rire. C'était trop en demander à mon imagination que d'interpréter les paroles de mes élèves comme des « s'il vous plaît » ou des « merci » ! Mais je crois que j'étais suffisamment désespérée pour tenter de faire ce pas, et je me suis très vite surprise à entendre autrement ce que me disaient mes élèves – en fait, j'entendais, au-delà de leurs exigences et de leurs explosions de colère, des « écoutez-moi, s'il vous plaît » et des « s'il vous plaît, aidez-moi ». Cette nouvelle façon d'entendre et le fait d'apprendre à leur faire part de mes propres sentiments et besoins ont changé le climat de la classe : il est passé d'une tension constante à une ambiance plus confiante et plus ouverte.

Une des premières fois où je perçus ce changement fut au moment où nous nous préparions à l'un des premiers examens de connaissances imposés par l'État, deux fois par année. Les résultats de la plupart de mes élèves étaient généralement en dessous de la moyenne, ils avaient ces examens en horreur. Dans le passé, j'avais opté pour l'attitude « nous sommes obligés de passer par là, rouspéter n'y changera rien ». Cette fois, comme les précédentes, j'ai senti la tension monter, vu leurs corps se raidir et l'irritabilité croître entre eux. Mais ce qui était différent, c'est que j'étais mieux outillée pour comprendre ce que signifiait leur comportement. Armée de mes nouvelles compétences en CNV, j'ai deviné ce qu'ils ressentaient et ceux de leurs besoins qui n'étaient pas satisfaits.

Je me suis mise en empathie silencieuse avec leurs sentiments et besoins non exprimés : « J'imagine que vous avez peur et que vous voulez vous protéger de la douleur d'un échec supplémentaire »... « J'imagine que vous vous sentez blessés et que vous aimeriez être reconnus pour ce que vous êtes, en entier, plutôt que d'être réduits à l'étiquette de "mauvais élèves" »... « J'entends votre colère et j'imagine que vous voulez protéger votre autonomie, pouvoir choisir la façon dont vous utilisez votre temps »... J'étais presque certaine, en plus, que beaucoup de mes élèves n'avaient souvent aucun espoir de voir leurs besoins satisfaits à l'école – ou même ailleurs. Devoir se soumettre à ces examens standardisés faisait remonter à la surface tous ces sentiments pénibles et ces besoins non comblés.

Les comprendre ainsi ouvrit vraiment mon cœur et me permit de prendre un temps d'arrêt quand l'un d'eux se mit à vociférer, aussitôt suivi par d'autres, alors que je leur annonçais le programme des interrogations de la semaine :

Premier élève : Pourquoi est-ce que je devrais passer ces examens ridicules ?

Deuxième élève: Ouais, donnez-nous une seule bonne raison pour ça!

Troisième élève: C'est pour démontrer qui est intelligent et qui est bête.

Quatrième élève: Ouais, ben en tout cas, c'est ceux qui ont inventé ces tests qui sont bêtes!

L'enseignante (écoutant leurs sentiments et leurs besoins): Est-ce que vous vous sentez irrités parce que vous aimeriez voir clairement quel bénéfice vous pourriez tirer de ces examens?

Premier élève: Ouais, pourquoi on doit les passer? On connaît les résultats à l'avance. C'est une perte de temps ridicule.

L'enseignante (reflétant les besoins de l'élève): J'imagine que tu aimerais connaître les raisons qui poussent des gens à te demander de les passer?

Cinquième élève: Ils nous le «demandent» pas, ils l'exigent!

L'enseignante (entendant d'autres sentiments et besoins): Donc, tu es en colère, aussi, parce que tu aimerais choisir toi-même ce que tu fais ici, sans être obligé de faire les choses.

Cinquième élève: Oui, ici et ailleurs. Mais qu'est-ce qu'on a le droit de choisir? On peut même pas porter les vêtements qu'on veut, à l'école!

L'enseignante (sur un ton indiquant qu'elle aimerait en savoir plus): Tu en as assez de faire toutes ces choses décidées par des adultes? Tu aimerais avoir davantage le choix?

Cinquième élève: Ça sert à rien d'en parler. De toute façon on peut rien y faire.

L'enseignante (continuant de deviner d'autres besoins et sentiments): On dirait que tu es découragé de ne pas être entendu par les adultes.

Cinquième élève: C'est ça. À quoi bon gaspiller ma salive?

L'enseignante: Donc, tu te sens désespéré et, j'imagine, très triste quand ton besoin d'être compris n'est pas satisfait.

L'élève baisse la tête sans répondre et ses yeux se remplissent de larmes.

Personne ne dit mot pendant quelques minutes. Un changement notoire était perceptible dans l'énergie de la classe : la tension et la colère avaient fait place à la détente et à la tristesse. Je suis sûre que c'est parce que j'avais simplement été capable de les écouter - sans résistance, sans discussion, sans réponse toute faite. Puis l'élève qui avait commencé la conversation reposa sa question.

Premier élève : Alors, pourquoi est-ce qu'on doit passer ces tests ? Vous le savez, vous ?

L'enseignante : La vérité, c'est que je ne sais vraiment pas pourquoi on vous demande de les passer. On m'a bien donné quelques raisons, mais je ne suis pas aussi à jour que j'aimerais l'être, alors je préférerais ne pas en parler aujourd'hui. Je vous promets que je vais étudier ces raisons plus à fond et que je vous en reparlerai. Je veux vraiment que vous sachiez pourquoi on vous demande de faire les choses. Et j'aimerais que mes raisons de vous faire faire ceci ou cela soient claires. Je me sens triste, aussi, parce que l'autonomie est très précieuse à mes yeux, et que j'aimerais que vous ayez davantage le choix dans vos vies. J'aimerais faire quelque chose à ce sujet. C'est pourquoi j'apprécie énormément que vous ayez initié cette discussion aujourd'hui et que vous ayez partagé vos besoins et vos sentiments en relation avec tout ça.

Après cet échange, je dis à mes élèves : « Il y a manifestement une quantité de sentiments pénibles associés à l'obligation de passer ces examens. Il y a aussi un manque de clarté au sujet de leur raison d'être. Je veux continuer à débattre la question de vos besoins, de votre confusion et de tout autre sentiment présent. Est-ce que quelqu'un ici doute de mon désir de le faire ? »

Comme personne ne répondait, j'ajoutai: «En attendant, et pour nous faciliter les choses à tous, j'aimerais que, dans l'immédiat, nous commencions par terminer la première série des interrogations déjà programmées. Y a-t-il quelqu'un qui ne serait pas d'accord de me suivre dans ce projet?» Je me souviens d'avoir été épatée et reconnaissante de voir que, ce jour-là, aucun des élèves ne manifesta de réticence à passer les examens redoutés.

Aujourd'hui, bien sûr, je réalise que mes élèves m'avaient toujours dit ce qu'ils ressentaient. C'est moi qui changeai ma façon d'agir, ce jour-là, en prenant le temps d'écouter ce qu'ils disaient et en partageant honnêtement avec eux mes propres sentiments et besoins.

Ce jour-là, j'ai vraiment goûté à la puissance de la CNV dans l'enseignement.

CHAPITRE 5

CRÉER UNE COMMUNAUTÉ D'APPRENTISSAGE INTERDÉPENDANTE

Une éthique laïque

La façon dont les classes et les écoles sont organisées représente une expérience d'apprentissage considérable pour les élèves. L'organisation des classes et des écoles peut permettre d'apprendre à développer et à maintenir soit des structures qui promeuvent l'interdépendance, soit des structures qui encouragent la compétition et la domination.

L'Éducation au service de la vie structure l'école comme une communauté : chaque élève se soucie autant d'aider ses camarades à atteindre leurs objectifs d'apprentissage qu'à atteindre les siens. Une telle communauté ne se contente pas d'offrir un enseignement qui sera utile aux élèves dans leur vie d'adultes, leur permettant de donner naissance à des organisations servant la vie (organisations tant familiales, professionnelles que gouvernementales) et de les faire durer, mais elle favorise en outre le développement de ce que le dalaï-lama appelle une « éthique laïque » :

Parallèlement à l'enseignement, qui ne s'occupe en général que de savoir académique, il est nécessaire que nous développions davantage l'altruisme, l'attention et la responsabilité envers les autres, dans l'esprit des jeunes générations qui étudient dans des établissements scolaires de toutes sortes. Cela peut être fait sans avoir nécessairement recours à la religion. On pourrait donc donner à cette approche le nom d'« éthique laïque », puisqu'elle repose sur des qualités humaines fondamentales, telles que la bonté, la compassion, la sincérité et l'honnêteté.

La plupart d'entre nous tomberaient d'accord avec le dalaï-lama sur la nécessité de soutenir les nouvelles générations dans le développement de plus d'altruisme, d'attention et de responsabilité vis-à-vis d'autrui. Nous vivons pourtant dans une culture qui encourage la concurrence, pour voir qui l'emportera dans cette compétition injuste où les personnes privilégiées ont la quasi-certitude de gagner. Nos écoles sont à l'image de cette réalité. Comme je l'ai signalé dans le chapitre précédent, les élèves qui obtiennent les meilleures notes ne sont pas nécessairement ceux qui ont le plus appris. Ce sont ceux qui ont déjà intégré le contenu des cours avant d'entrer à l'école, parce que la situation économique de leurs parents les a avantagés, en leur donnant la possibilité de se familiariser à l'avance avec les matières inscrites au programme.

J'aimerais donc voir la compétition se transformer en apprentissage communautaire, dans la classe, et que chacun se sente concerné non seulement par son propre cheminement, mais par celui de tous ses camarades.

Développer une communauté d'apprentissage interdépendante

Les écoles et classes dans lesquelles prospèrent des communautés d'apprentissage interdépendantes encouragent habituellement les élèves qui ont atteint certains de leurs buts à assister leurs camarades qui souhaitent atteindre les mêmes. L'enseignement mutuel entre étudiants contribue au développement d'une communauté d'apprentissage interdépendante. Une fois certains objectifs atteints par les élèves, il leur devient plus aisé d'apporter du soutien à leurs camarades.

Cette stratégie peut prendre plusieurs formes. Pour commencer, il peut s'agir de travaux pratiques, au cours desquels les élèves qui ont développé une compétence peuvent l'enseigner à d'autres. Il est bien évident que des élèves peuvent s'enseigner mutuellement de façon aussi performante que des professeurs expérimentés. Ce n'est certainement pas un concept nouveau pour ceux qui travaillent dans des écoles de campagne, dans des écoles Montessori, ou dans des classes fréquentées par des élèves d'âges variables. Dans ce type d'environnement (où l'on peut trouver dans une même classe une large fourchette d'âges), il est courant de voir des élèves en former d'autres.

J'ai observé récemment une telle classe en Israël, dans une école où l'on pratique la CNV. Je remarquai une fille qui donnait des instructions à un garçon qui semblait du même âge. Je constatai en les regardant que, tandis que le garçon tentait de résoudre les problèmes que la fille lui avait donnés, elle se tournait vers un élève plus âgé, afin de recevoir elle-même des directives sur un autre sujet. Tous les élèves de la classe étaient engagés dans ce type d'échange, donnant ou recevant des consignes, à l'exception de quatre élèves qui travaillaient avec l'enseignante. Il s'agissait d'élèves ayant des besoins particuliers d'apprentissage. L'enseignante disposait ainsi du temps nécessaire pour s'occuper d'eux, car les autres s'instruisaient mutuellement sans qu'elle ait à intervenir.

En permettant des expériences d'apprentissage dans lesquelles les élèves peuvent travailler seuls ou avec d'autres, le professeur se rend disponible pour les dépannages. Un dépannage peut consister en un temps d'instruction personnalisé, ou bien en un temps pour s'asseoir et parler avec un élève qui semble avoir davantage besoin d'échanger, ce jour-là, que de se lancer dans une tâche d'apprentissage spécifique. Cela peut aussi signifier entrer en interaction avec des étudiants qui ne travaillent pas efficacement, afin de cerner leurs besoins.

J'ai entendu certains enseignants s'inquiéter à l'idée de voir des élèves en former d'autres, craignant que cette démarche soit préjudiciable à celle ou celui qui donne l'enseignement. Mais la plupart des professeurs sont d'accord sur le fait que personne n'apprend autant sur un sujet donné que celui qui le partage, et que l'élève qui enseigne retire autant de bénéfices que celui qui apprend. De plus, les professeurs qui pratiquent cette façon de faire en classe m'ont dit que les étudiants qui enseignent accroissent sensiblement leur conscience du mécanisme de l'apprentissage, ce qui facilite ensuite leur propre cheminement.

L'enseignant comme agent de voyages

J'ai aussi entendu des enseignants partager leur inquiétude que l'attribution à un élève du rôle d'enseignant auprès d'un autre puisse accroître la compétitivité et amener l'élève à se croire supérieur. Il est cependant tout à fait possible à un élève de se montrer capable d'enseigner une matière tout en ayant besoin d'être aidé par un camarade dans une autre, dans une classe où chacun a ses propres objectifs d'apprentissage et où il n'existe aucune hiérarchie établie en fonction des performances scolaires ; et d'être aussi à l'aise pour proposer de l'aide que pour en demander.

Peut-être est-ce parce que je voyage autant et que j'ai de nombreux contacts avec les agents de voyages, mais dans une telle classe, j'aime penser au professeur comme étant un agent de voyages, et aux élèves comme étant des voyageurs. Un agent de voyages ne me dit pas où aller. Cela dit, parfois, si je lui fais part de mes besoins, il peut me recommander certains lieux auxquels je n'aurais pas pensé et que je ne connais pas. Ainsi le professeur peut-il, comme un agent de voyages, faire des suggestions aux élèves, parfois même les encourager fortement, sans jamais pour autant leur dire où se rendre. Simultanément, un élève-voyageur raconterait à un autre tel endroit merveilleux où il est allé, le motivant ainsi à faire le même parcours.

Un autre aspect qui me plaît dans cette métaphore, c'est que l'agent de voyages ne part pas avec son client ; ainsi le voyage ne dépend-il pas de la disponibilité de l'agent. Dans l'école israélienne citée précédemment, chaque jour pendant une durée déterminée, les élèves choisissent leurs professeurs : 60 % d'entre eux choisissent d'autres élèves.

Des études faites aux États-Unis montrent qu'un enfant qui vient tout juste d'acquérir une compétence peut être un meilleur professeur dans ce domaine-là qu'un enseignant expérimenté. Pourquoi s'en étonner ? Les enfants parlent le même langage, ils se connaissent, ils se sentent en sécurité les uns avec les autres, et l'expérience de l'acquisition de cette compétence est encore toute fraîche. Un ami qui sait faire du vélo peut apprendre à un autre à en faire. De même un élève qui sait résoudre des problèmes d'arithmétique peut-il montrer à un autre comment y arriver.

L'agent de voyages ne s'attend pas à ce que tous ses clients, y compris ceux qui ont les mêmes buts, atteignent la même destination en même temps, ou qu'ils empruntent le même itinéraire pour s'y rendre. Si une personne n'a pas beaucoup d'argent, elle peut éventuellement s'y rendre en train. Une autre prendra l'avion, et ainsi de suite. Le professeur peut ajuster l'itinéraire pour qu'il corresponde aux voyageurs. Si un élève a des problèmes de compréhension en lecture, l'enseignant lui apprendra la lecture d'une façon différente, jusqu'à ce qu'il y arrive. Si l'un des objectifs de cet élève est de se renseigner sur quelque chose qu'il a repéré dans un livre de sciences, le professeur pourra demander à un élève qui sait lire de lui lire le texte, plutôt que de le rendre dépendant d'une compétence qu'il ne possède pas encore.

Ainsi l'agent de voyages ne nous dit pas où aller et ne nous accompagne pas. Mais il nous assiste, nous offre des solutions, et nous montre en quoi d'autres destinations pourraient être tout aussi enrichissantes.

Du matériel qui permet aux élèves d'apprendre par eux-mêmes

Une fois les objectifs d'apprentissage établis d'un commun accord, l'enseignant travaille avec les élèves pour obtenir les informations et le matériel nécessaires au succès de l'entreprise. L'idéal est que le matériel soit utilisable par les élèves seuls. Cela réclame du professeur qu'il détermine les compétences ou notions préalablement nécessaires aux élèves pour permettre à ceux-ci de commencer à travailler et d'atteindre leurs objectifs.

Ensuite, le professeur et les élèves s'emploient à cerner et à définir les concepts, les activités pédagogiques, la date butoir et le vocabulaire nécessaires à l'élève pour atteindre ses objectifs. L'enseignant organise alors ces éléments selon l'ordre séquentiel qui servira au mieux la progression de l'étudiant dans son travail. Chaque élément sera pleinement détaillé, de façon que l'élève sache exactement ce qu'il doit connaître ou être en mesure de faire, et à lui indiquer le matériel et les connaissances requises pour la maîtrise de sa tâche.

Ces « sacs de voyage », pour reprendre l'image de l'agent de voyages, seraient mis à la disposition des élèves, accompagnés d'une série d'instructions indiquant comment les utiliser, de préférence sans nécessiter d'initiation par l'enseignant. Les professeurs peuvent préparer des éléments pédagogiques sur demande, ou dans un but spécifique, et ils peuvent aussi, bien sûr, avoir recours à du matériel disponible dans le commerce. Pour l'enseignant qui dispose d'un budget pour ce matériel, il y a aujourd'hui une pléthore d'outils pédagogiques. Une autre option est d'élaborer ce matériel avec l'aide d'élèves, de volontaires et de parents, afin que l'apprentissage ne dépende pas systématiquement de la disponibilité du professeur.

Tirer profit des parents et des élèves pour la fourniture de matériel

Les élèves et leurs parents représentent des ressources auxquelles on peut faire appel pour aider à la préparation du matériel. Non seulement ils peuvent permettre au professeur d'économiser du temps et de l'énergie, mais ils peuvent en outre tirer un bénéfice de l'expérience.

Dans la classe de septième de l'un de mes amis, les élèves aimaient travailler avec un kit de lecture produit dans le commerce. Malheureusement, il n'y en avait qu'un pour toute la classe. Mon collègue a donc suggéré à ses élèves d'en fabriquer des exemplaires supplémentaires, en s'inspirant du modèle commercial et en utilisant des coupures d'articles. Plusieurs élèves se sont mis au travail avec enthousiasme. Mon collègue s'inquiéta tout d'abord, car les élèves choisissaient des articles qui, selon lui, allaient s'avérer trop difficiles pour leur niveau de lecture.

Ils choisirent par exemple des sujets les intéressant personnellement, comme la drogue. Une grande partie des articles étaient découpés dans des revues spécialisées, dont le contenu ne semblait pas être à leur portée. Pourtant, à sa grande surprise, mon ami constata que non seulement les élèves utilisèrent le matériel qu'ils avaient conçu pour améliorer leur niveau de lecture, mais qu'ils le préférèrent même à celui préparé pour eux.

On m'a demandé un jour d'assister à une rencontre entre parents et professeurs, à l'école maternelle du plus jeune de mes fils. Le but de cette rencontre était de familiariser les parents avec le programme scolaire de leurs enfants. Lorsque nous sommes arrivés, on nous dit que parents comme élèves apprenaient mieux par l'action. En conséquence, il nous fut proposé, plutôt que d'écouter passivement le professeur nous parler du programme, de le découvrir en fabriquant le matériel nécessaire à celui-ci. Les professeurs avaient rassemblé quantité d'ingrédients de base bon marché, comme de vieux magazines, de la colle, de la peinture, des cartons de couleur, des ciseaux, etc. L'un d'eux nous a ensuite donné les instructions nécessaires à l'élaboration d'un matériel d'apprentissage spécifique. En même temps, il nous décrivit l'utilisation qui allait être faite de ce matériel.

On m'a confié la fabrication d'une série de cartes. Je devais feuilleter des magazines, y repérer quatre images ayant un lien entre elles (par exemple les photos de quatre types de moyens de transport différents – voiture, avion, bateau, train), et trouver une illustration n'ayant rien à voir avec cet ensemble (une image d'orange, par exemple). Ces images allaient être ensuite collées sur des fiches de huit centimètres sur douze, et l'envers de la fiche de l'illustration non pertinente (l'orange, dans cet exemple) colorié en rouge.

L'enseignant nous a expliqué que ces fiches seraient utilisées pour aider nos enfants à intégrer différents concepts. Les élèves recevraient ces séries de fiches, placeraient la fiche de l'image non pertinente sur le dessus, et vérifieraient ensuite leurs résultats en s'assurant que le dos de cette fiche était bien colorié en rouge. De cette façon, nous avons été informés du programme de manière dynamique et l'instituteur a amassé une bonne quantité de matériel, dans un temps relativement court, en tirant parti de ce travail bénévole.

Le soutien de bénévoles

Lorsque j'évoque le soutien de bénévoles, je fais allusion en premier lieu aux parents, grands-parents et voisins, qui peuvent être des personnes-ressources et apporter leur aide à la communauté des apprenants. Ces personnes, j'en suis convaincu, peuvent être une ressource précieuse dans l'accompagnement d'élèves qui n'arrivent pas à s'insérer dans le processus pédagogique normal. Je connais un centre de traitement pour jeunes dits «émotionnellement perturbés» où des personnes du troisième âge exercent le rôle de précepteurs.

À l'heure qu'il est, cette expérience s'est révélée tout aussi gratifiante pour les jeunes que pour les personnes âgées. Le directeur de l'école m'a confié que les aînés font souvent preuve de la patience tellement nécessaire à ces jeunes, et qu'ils disposent en outre de tout le temps voulu pour s'occuper d'eux.

La région comme ressource d'apprentissage

Une autre ressource dans laquelle on peut puiser est la zone géographique dans laquelle est située l'école. J'ai pu observer un bon exemple de la façon dont les ressources d'une localité peuvent être mises à contribution pour l'enseignement des élèves, dans le programme *Parkway,* à Philadelphie. Dans ce programme, c'est la ville elle-même qui est considérée comme l'«école». Les leçons sont données dans tout endroit de la ville où peut avoir lieu un apprentissage significatif. Ainsi les élèves peuvent-ils se rendre au zoo, au musée d'art, ou dans les industries locales, etc., pour y suivre leurs cours.

Les autorités scolaires ont pris contact avec ces différents lieux et personnes-ressources afin de déterminer la bonne volonté à fournir un encadrement personnalisé, ainsi que l'accès aux moyens et installations ; ces endroits sont vus comme des partenaires dans le processus pédagogique, et non pas simplement comme le but d'agréables mais rares voyages d'études.

L'agent de voyages en action

Dans le chapitre précédent, j'ai parlé d'une classe de première année, dans le Montana, et j'ai décrit la méthode utilisée par l'enseignante pour l'établissement d'objectifs communs avec chacun des élèves. J'ai interrompu ma description au moment où quelques élèves venaient de lui dire qu'ils souhaitaient apprendre six consonnes.

J'aimerais raconter ce qui s'est passé ensuite, car je pense que cela illustrera quelques-unes des suggestions faites dans ce chapitre.

Une fois défini l'objectif d'apprendre six consonnes, différentes options s'offrent à l'enseignante :

1. Elle peut déterminer si elle dispose de jeux que les élèves pourront utiliser pour apprendre les consonnes (il en existe plusieurs dans le commerce). Si ces jeux nécessitent la participation de plus de joueurs, elle peut demander si quelqu'un d'autre dans la classe a envie d'apprendre les consonnes, dans l'intention d'arriver à lire par la suite.
2. L'enseignante peut s'assurer qu'elle a à sa disposition le matériel prévu dans le programme, matériel que les élèves peuvent utiliser pour apprendre les consonnes.

3. L'enseignante peut évaluer si d'autres élèves de la classe connaissent déjà les consonnes en question et sont prêts à les enseigner à leurs camarades.
4. L'enseignante peut voir si elle dispose du temps nécessaire pour enseigner elle-même les six consonnes à ses élèves.

L'enseignante en question m'a raconté qu'en général, dès le deuxième jour d'école, tous les élèves se sont décidés pour au moins un objectif et ont commencé à y travailler. J'aimerais continuer à suivre le travail des élèves qui ont entrepris d'apprendre leurs consonnes. Imaginons qu'ils ont choisi de jouer à un «Loto des consonnes» et qu'ils pensent maintenant connaître les six consonnes. Ils s'adressent alors à l'enseignante en lui disant: «Ça y est, nous les savons!»

Si l'enseignante n'a pas mis en place de procédure permettant aux élèves d'évaluer par eux-mêmes leurs performances, elle peut alors s'assurer qu'ils ont bien intégré les consonnes. Si les élèves démontrent leur assimilation des six consonnes, l'enseignante le notera dans leurs classeurs. Dès que les élèves savent écrire, ils deviennent eux-mêmes responsables de la mise à jour de leur classeur, en y enregistrant chaque objectif atteint. Deux fois par semestre, ils ont la responsabilité d'organiser une rencontre entre leurs parents, leur enseignant et eux-mêmes. Ce sont eux qui président la réunion, en utilisant leurs classeurs pour passer en revue, à l'attention des parents et de l'enseignant, ce qu'ils ont réussi à apprendre jusque-là.

Tous les élèves de cette classe suivent cette même procédure. Lorsqu'ils ont atteint un de leurs objectifs, eux ou l'enseignante le notent dans leur classeur, puis décident d'un commun accord de leur objectif suivant, et ainsi de suite. Si l'enseignante constate que certains élèves passent selon elle un temps excessif à lire et qu'ils évitent les maths, elle exprimera son inquiétude au sujet de ce déséquilibre et encouragera ces élèves à revenir à leurs objectifs en mathématiques. Cependant, à aucun moment elle ne leur imposera d'objectifs.

Les parents se montrèrent satisfaits de la liberté et de la souplesse de cette forme d'enseignement. Ils manifestèrent également leur appréciation de ce que leurs enfants avaient appris et du plaisir qu'ils avaient à apprendre. En fait, ils furent si contents qu'ils adressèrent une pétition aux responsables de l'école pour demander si leurs enfants pouvaient continuer le programme en restant une deuxième année avec cette enseignante. Je suis heureux de vous dire que le conseil d'administration de l'école a été tellement impressionné par les résultats obtenus par ce professeur qu'ils lui ont demandé de conseiller les enseignants désireux de lui emboîter le pas.

Je suis pleinement conscient de ne rien vous raconter que vous n'ayez déjà entendu maintes fois. Et j'entends déjà vos objections, suivant le lieu où se situe l'école et les ressources à sa disposition.

Si j'ai pu vous laisser croire que je pensais que passer d'une classe ou d'une école de domination vers une classe ou une école au service de la vie est chose aisée, permettez-moi de vous assurer que tel n'est pas le cas ! Je me suis personnellement impliqué dans cette lutte, et j'ai été assez souvent déçu, après des tentatives ratées, pour savoir le défi que ce changement représente. Nager à contre-courant, s'élever contre le système établi, traditionnel, n'est jamais chose aisée.

Ce qui donne une chance à cette idée d'une Éducation au service de la vie de fonctionner, ce n'est pas ce que j'ai décrit comme ses aspects techniques, son matériel pour se corriger soi-même, l'enseignement par les pairs, ou le professeur vu comme un « agent de voyages ». Ce qui est nécessaire pour que ces techniques marchent non seulement dans quelques établissements scolaires isolés, mais dans tous, c'est ce qui se trouve au cœur même des écoles et des organisations au service de la vie : avoir pour but de s'entraider, de se rendre la vie plus belle les uns aux autres, comme cela est mis en évidence au sein d'une communauté d'apprentissage interdépendante.

En utilisant la Communication NonViolente, en cherchant constamment à savoir: «Que ressens-tu et de quoi as-tu besoin?» de la part des élèves, des enseignants, de la direction et de nous-mêmes, nous pouvons réellement satisfaire les besoins de chacun. Alors le but ne sera plus essentiellement de réduire la violence et le vandalisme, de garder nos enfants aussi longtemps que possible à l'école, de faire en sorte qu'ils obtiennent des notes plus élevées que ceux de la province voisine, d'arriver à ce que davantage d'enfants aillent au collège, d'année en année, ou d'améliorer les scores d'entrée de nos étudiants à l'université.

Les élèves comme les professeurs auront désormais d'autres options que celles de se soumettre ou de se rebeller. Lorsque le seul but est de répondre aux besoins de tous, les écoles et les classes peuvent se transformer. Parce que nous réalisons alors que les besoins de chacun sont les besoins de tous.

CHAPITRE 6

TRANSFORMER LES ÉCOLES

Les problèmes actuels

Manifestement, nous avons besoin d'organisations radicalement différentes de celles qui contrôlent aujourd'hui la qualité de vie sur notre planète. Des millions de gens meurent de faim chaque année, malgré le fait que la planète fournisse assez de nourriture pour toute l'humanité. Nous vivons entourés d'une violence physique, psychologique et institutionnelle épouvantable.

Je suis en accord avec le psychologue George Miller lorsqu'il écrit: «Les problèmes les plus urgents dans le monde d'aujourd'hui sont ceux que nous nous sommes créés. Ils n'ont pas été causés par une Nature indifférente ou malveillante, pas plus qu'ils ne nous ont été infligés comme punition par la volonté de Dieu. Ce sont des problèmes humains, dont la résolution va nécessiter un changement de notre comportement et de nos institutions sociales.»

L'Éducation au service de la vie se concentre sur les méthodes qui permettent aux professeurs d'offrir à leurs élèves un certain enseignement. Cet enseignement va les aider à devenir des forces actives dans la résolution de ces problèmes planétaires et leur apprendra comment rendre leur existence plus belle, et comment aider les autres à embellir la leur.

Les organisations de domination

Comment en sommes-nous arrivés à ces problèmes humains, qui créent l'inutile souffrance et la violence qui nous torturent? Dans *Le Calice et l'Épée* et *The Power of Partnership* (un ouvrage plus récent), Riane Eisler, historienne des cultures et philosophe de l'évolution, démontre que ce qu'elle appelle la lutte entre le modèle de partenariat et le modèle de domination remonte à des milliers d'années. Elle, qui, enfant, a connu l'horreur d'avoir à fuir les nazis, explique dans son étude portant sur trente mille années de l'évolution humaine - *Le Calice et l'Épée,* 1987 - que nos problèmes découlent de la conquête, puis de l'anéantissement, au cours de la préhistoire, d'une ancienne culture de partenariat au profit d'une culture de domination.

S'inspirant des recherches de Riane Eisler, l'auteur et théologien Walter Wink soutient également que depuis environ dix mille ans, sur pratiquement tout l'ensemble de notre planète, les organisations humaines ont fonctionné comme des «organisations de domination», contrôlant notre spiritualité, nos structures sociales, notre éducation et notre développement[2]. Wink définit les organisations de domination comme étant caractérisées par une distribution inégale des ressources et des privilèges, des relations de pouvoir hiérarchique, et l'utilisation de la violence pour maintenir l'ordre, c'est-à-dire des systèmes dans

2. Walter WINK, *The Powers That Be,* Doubleday, New York, 1998.

lesquels une poignée d'individus dominent la grande masse des autres. Nous trouvons ces systèmes représentés dans nos familles, écoles, organisations religieuses et professionnelles, ainsi qu'au sein des gouvernements. Tous opèrent selon les mêmes règles.

Comme Eisler, Wink affirme même que de tels systèmes sont basés sur une spiritualité dans laquelle les êtres humains sont dépeints comme égoïstes et violents avant tout. Du coup, des systèmes de domination dans lesquels les moins vils d'entre nous exercent un contrôle sur les autres s'avèrent indispensables. On n'a pas peu argumenté, au fil des siècles, pour déterminer qui placer en tête de liste!

Ces gens en viennent à contrôler leurs semblables par le truchement de tactiques autoritaires - essentiellement la punition et la récompense. Ils châtient ceux qui n'obéissent pas. C'est le seul moyen d'éduquer le monde, de lui donner une leçon, de lui montrer à quel point il est mauvais, et qui mérite quoi. Une telle représentation des êtres humains justifie leur domination et leur contrôle par ceux qui clament leur supériorité.

Lorsque Wink parle du système de domination, il est évident qu'il ne décrit pas seulement les gouvernements totalitaires, comme celui des nazis en Allemagne. Même aux États-Unis, on trouve de nombreux exemples de groupes d'individus privilégiés, de gens qui occupent des positions de pouvoir, obtiennent les meilleurs emplois, vivent dans les quartiers les plus cossus, et ont, bien sûr, reçu l'éducation la plus sophistiquée. Leur conviction que c'est leur droit rend mensongère la croyance à des chances égalitaires.

Une fois que l'on a pris conscience du pouvoir des systèmes de domination, il devient plus aisé de réaliser que la transformation de ceux-ci en systèmes au service de la vie offre une meilleure chance de satisfaire les besoins de tous nos citoyens. J'aimerais éduquer la génération des enfants d'aujourd'hui et celles de ceux qui les suivront, de sorte qu'ils soient en mesure d'engendrer des organisations dont le but sera de satisfaire les besoins humains, de se rendre la vie plus belle à soi-même et aux autres. Ancrés dans cette conscience, nous pouvons utiliser l'éducation des enfants comme point de départ.

La résolution des conflits

Deux questions clés, dans toutes les écoles, sont le maintien de l'ordre et la résolution des conflits. Une des composantes nécessaires à la création d'écoles au service de la vie est la capacité de savoir résoudre les conflits à la satisfaction de toutes les parties concernées. Dans les écoles de domination, les enseignants et les directeurs décident, sur la base de leur expérience, qu'ils «savent ce qui convient le mieux» aux élèves, et instaurent des lois et des règlements qu'ils font respecter par des punitions et des récompenses. Il peut arriver (ou pas) que les enseignants et les directeurs consultent les étudiants lors de l'établissement de ces lois et règlements. Cependant, au bout du compte, ce sont eux qui prennent unilatéralement les décisions, s'arrogeant le droit d'agir en maîtres absolus du fait de leurs compétences et de leur expérience.

Dans une Éducation au service de la vie, l'instauration des lois et des règlements, nécessaires au maintien de l'ordre, se fait par le dialogue entre le corps enseignant et les élèves, qui travaillent ensemble en étant respectueux des besoins de chacun. Ce processus n'implique ni renoncement, ni concession, ni compromis de la part de qui que ce soit.

Maintenir l'ordre et résoudre les conflits de cette manière exige que le personnel de l'école et les élèves aient acquis un savoir-faire en Communication NonViolente. Il est indispensable qu'ils soient capables de se relier aux sentiments et aux besoins les uns des autres. Une fois cette qualité de lien établie, les deux parties se lancent dans la résolution du problème, pour trouver les actions à entreprendre afin de répondre aux besoins de chacune d'elles.

Avant que quiconque n'entreprenne ces actions, il est important qu'il s'assure que sa motivation n'est basée que sur l'intention de satisfaire des besoins, et en aucun cas sur l'espoir d'éviter une punition, la culpabilité ou la honte, ou poussé par le sens du devoir ou de l'obligation, pas plus que pour obtenir une meilleure note ou quelque autre récompense extrinsèque.

Ceux qui s'opposent au maintien de l'ordre et à la résolution des conflits dans cet esprit expriment souvent leur désaccord ainsi: «Tout de même, ces jeunes ont besoin d'apprendre à respecter l'autorité! C'est cela qui nous incombe: les amener à respecter l'autorité!» Ce à quoi je réponds d'habitude: «Voulez-vous apprendre aux jeunes à respecter l'autorité, ou à craindre ce que vous pouvez leur faire lorsque vous êtes en position d'autorité?» Un grand nombre d'entre nous, éduqués dans le cadre d'un système de domination, ne sont pas conscients de cette distinction.

Je définirais le respect de l'autorité de la façon suivante: dans une classe, lorsqu'un professeur connaît un domaine auquel les étudiants accordent de la valeur, et qu'il propose son enseignement d'une façon non contraignante, les élèves apprendront à respecter son autorité. Mais cet enseignant aura gagné leur respect, il ne l'aura pas exigé. C'est l'élève qui, en fin de compte, décide si le professeur a de l'autorité ou pas; telle est la vérité démontrée clairement chaque jour par les étudiants. Une peur de l'autorité, travestie en respect de l'autorité, est facile à obtenir; il suffit de donner à des individus investis d'un titre quelconque le pouvoir légal de distribuer des punitions et des récompenses.

Un autre moyen de rendre cette distinction explicite est de faire la différence entre autodiscipline et obéissance. Si ce que l'on veut obtenir est l'obéissance, la punition et la récompense sont efficaces.

C'est ainsi que l'on dresse un chien. Un cafard peut être placé dans un labyrinthe en T, on lui donne de la nourriture s'il tourne à droite, un choc électrique s'il tourne à gauche, et il apprend l'obéissance. Mais si ce qui nous intéresse est l'autodiscipline, je suggère que l'on évite toute tactique contraignante, car elle y fera obstacle. Un élève ou un enseignant qui sait se discipliner agit à partir de la conscience qu'il a de ses propres valeurs, de la façon dont ses efforts vont contribuer à son bien-être et à celui d'autrui, et non mû par le désir d'être récompensé ou la crainte d'être puni.

Beaucoup de professeurs éprouvent un sentiment d'impuissance lorsqu'on leur dit de ne pas motiver leurs élèves par le biais de la punition, de la récompense, de la culpabilité ou de la honte, ni par le sens du «devoir». «Que nous reste-t-il, alors?» s'interrogent-ils. Ce qui reste, ce sont les liens entre les individus, et le désir de contribuer à son propre accomplissement et au bien-être d'autrui. J'ai fait l'expérience que les besoins humains de base peuvent être comblés en apprenant à avoir recours aux compétences de la Communication NonViolente. Nous partageons ce qui a de la valeur à nos yeux, les raisons qui nous poussent à encourager les autres à en tenir compte, et nous nous mettons à l'écoute de leurs sentiments et besoins.

Notons que cela nécessite que les enseignants soient à l'aise dans leur pratique de la Communication NonViolente, y compris quand les enfants auxquels ils ont affaire viennent d'un milieu dans lequel prévaut le système de domination. L'autodiscipline ne remplace pas l'obéissance (ou la désobéissance) du jour au lendemain! Très souvent, les premières semaines dans un établissement ayant pour but de devenir une école au service de la vie peuvent être assez chaotiques...

J'ai été sollicité un jour pour contribuer à la mise en place d'une école au service de la vie destinée à des élèves qui avaient tous quitté l'école publique ou en avaient été expulsés. Nous voulions prouver que l'Éducation au service de la vie pouvait accompagner ces élèves là où le système public avait échoué. Mon travail consistait à préparer les enseignants à travailler dans cette école.

Pour des raisons financières, mon intervention auprès des professeurs a été limitée à quatre jours. En conséquence, je n'ai pas été en mesure de fournir aux enseignants une formation aussi poussée que je l'aurais souhaité. En outre, ces personnes n'étaient même pas des enseignants professionnels ; en raison de contraintes budgétaires, nous avions dû faire appel aux universités pour trouver des volontaires d'accord d'enseigner dans cette école. Me voilà donc avec des enfants dont l'école publique n'avait pu venir à bout, un groupe de volontaires au grand coeur et quatre jours pour les former.

Rien de surprenant, donc, à ce que certains des enseignants n'aient pas compris comment établir les règlements et résoudre les conflits de la façon que j'avais suggérée.

J'étais en déplacement lors des premiers jours d'ouverture de cet établissement. Le premier message que je trouvai en rentrant provenait du directeur : « Venez vite ! Ils veulent fermer l'école. C'est le chaos ! » Je m'y précipitai. Les pauvres enseignants avaient l'air d'avoir vieilli de vingt ans en l'espace de moins d'une semaine.

Après avoir entendu le directeur me raconter ce qui se passait, je lui dis : « Amenez-moi une dizaine d'enfants dans une classe, parmi ceux qui créent le plus de trouble, afin que nous puissions remettre un peu d'ordre ici. »

Huit élèves de onze à quatorze ans furent sélectionnés par le directeur. Je commençai en me présentant à eux, puis nous eûmes la discussion suivante :

MR : Je suis très contrarié d'entendre les enseignants me rapporter que la situation devient incontrôlable dans la plupart des classes. Je voudrais vraiment que cette école soit une réussite. Pouvez-vous me dire ce qui se passe et m'aider à remettre les choses en place ?

William : Les profs de cette école ne sont qu'un tas d'imbéciles.

MR: Je ne vois pas clairement, William, ce qu'ils ont bien pu faire pour que tu penses cela? Peux-tu me donner un exemple?

William: Quoi qu'on fasse, ils se contentent de rester figés sur place, en souriant comme une bande de débiles.

MR: Est-ce que tu te sens écœuré parce que tu voudrais davantage d'ordre dans l'école?

William: Ben oui. Quoi qu'on fasse ici, les profs se contentent de sourire comme une bande de tarés. Par exemple, lui (il montre un des élèves du doigt), il est arrivé hier avec un flacon d'un demi-litre de whisky dans sa poche de derrière. Le prof qui était à la porte l'a vu, mais il a fait semblant de rien et s'est contenté de sourire en disant: «Bonjour, bonjour!»

À cet instant, chacun se précipita pour me faire entendre son histoire, un exemple après l'autre illustrant la passivité des professeurs.

MR: Bon, je vous remercie, ça suffit, ça suffit. Vous avez répondu à ma question, mais maintenant je voudrais votre aide pour mettre de l'ordre dans cette école.

Joël: Les profs devraient se procurer un rattan (baguette en rotin habituellement en possession des directeurs d'écoles publiques de la région pour l'administration de punitions corporelles).

MR: Joël, est-ce que tu es en train de me dire que tu aimerais que les professeurs frappent les élèves quand ils dérangent?

Joël: C'est le seul moyen pour qu'ils arrêtent.

MR: Si c'est le seul moyen, je suis vraiment découragé. Cette façon de rétablir l'ordre m'inquiète et je voudrais en trouver d'autres.

Edouard: Pourquoi?

MR: Pour plusieurs raisons. Imaginez ce qui va se passer si je vous frappe avec un rattan pour vous empêcher de chahuter! Dites-moi ce qui va m'arriver si trois ou quatre d'entre vous que j'aurais frappés en classe se trouvaient près de ma voiture au moment où je voudrais rentrer chez moi.

Edouard (souriant) : Alors vous avez intérêt à avoir un gros bâton avec vous !

MR : C'est bien ce qui me contrarie dans cette manière de rétablir la discipline : elle nous transforme en ennemis. Rappelez-vous, quand nous vous avons invités à venir dans cette école, nous vous avons dit que nous voulions créer un lieu où tout le monde travaillerait de concert, en coopération. Si nous y faisons régner la discipline à la baguette, j'ai bien peur que nous n'ayons pas la qualité de relations que j'aimerais voir se vivre ici entre les professeurs et les élèves.

Edouard : Vous pourriez expulser les fauteurs de troubles de l'école.

MR : Je suis aussi découragé à cette idée. J'aimerais démontrer qu'il y a des moyens de régler les différends à l'école sans mettre les gens à la porte.

William : Si un type ne fait rien d'autre que de causer des problèmes... pourquoi ne pas l'envoyer dans une « pièce à rien faire » ?

MR : Je ne suis pas sûr d'avoir compris ce que tu suggères, William. Peux-tu t'expliquer ?

William : Parfois on arrive à l'école et on n'a pas envie de faire quoi que ce soit d'autre que d'embêter tout le monde. Peut-être que notre père nous a fichu une sacrée raclée avant qu'on parte. Du coup, on a envie de rien d'autre que de foutre la pagaille. Alors avoir une pièce où on pourrait aller jusqu'à ce qu'on ait envie de revenir et de reprendre le travail...

(Pendant qu'il parlait, je remarquai que les autres élèves exprimaient leur compréhension et approbation non verbalement vis-à-vis de sa suggestion.)

MR : Donc, ce que tu suggères, William, c'est qu'on ait une pièce dans laquelle nous pourrions demander aux élèves de se rendre, quand ils ont un comportement qui empêche leurs camarades d'étudier ?

William : C'est ça. Ça sert à rien qu'ils restent en classe s'ils ne font rien d'autre que de créer des problèmes.

MR : Cette idée me plaît beaucoup, à condition d'expliquer aux élèves qui empêchent les autres de travailler qu'on n'essaie pas de les punir en les envoyant dans cette pièce, mais qu'on veut tout simplement protéger les droits de ceux qui veulent étudier.

Après de plus amples discussions, nous avons décidé à l'unanimité que les huit élèves qui avaient participé à notre rencontre iraient dans toutes les classes pour proposer d'essayer la chose suivante : si quelqu'un est trop agité pour étudier, et que son comportement interfère avec le travail des autres, le professeur lui demandera d'aller dans une « pièce à rien faire », dans laquelle il restera jusqu'à ce qu'il soit prêt à reprendre la classe sans déranger ses camarades.

J'ai insisté sur l'importance que les élèves expliquent clairement aux autres que ce règlement était issu d'une suggestion de William (par contraste avec les décisions prises de façon unilatérale par les professeurs ou le directeur). J'ai également souligné l'importance de bien spécifier que l'intention était de protéger les élèves qui veulent travailler, et non de punir ceux qui ne se trouvent pas dans un état d'esprit propice à l'étude.

Les élèves se sont remarquablement bien acquittés de leur tâche en expliquant très clairement ces deux points à l'ensemble des autres, et le plan fonctionna à merveille en apportant davantage d'ordre en classe. Une salle fut désignée comme « pièce à rien faire ». Dès lors, chaque fois qu'un élève perturbait la classe, le professeur (et parfois les élèves qui estimaient être dérangés dans leur travail) lui demandait d'aller faire un petit séjour dans cette pièce. En réalité, il y avait beaucoup de choses à faire dans la « pièce à rien faire », comme écouter de la musique, lire, etc. Nous voulions ainsi faire tout notre possible pour faire comprendre aux élèves que notre intention, lorsque nous leur demandions d'aller dans cette pièce, n'était pas de les punir.

De nombreux échanges très féconds se déroulèrent dans la « pièce à rien faire ». Les élèves perturbateurs étaient typiquement des enfants vivant une grande détresse intérieure, source de leur comportement dérangeant. L'enseignant chargé de superviser cette pièce y fut nommé pour son excellente capacité d'écoute, dont il fit le meilleur usage.

La « pièce à rien faire » ne désemplit pas pendant les deux premières semaines après l'instauration du règlement. Puis, tout à coup, il y eut de moins en moins d'élèves dont le comportement justifiait leur envoi dans cette salle.

Lorsque je raconte cette histoire et que j'arrive à la séquence concernant la baguette en rotin, on me fait souvent cette réflexion : « Mais bien sûr, cela montre que les jeunes demandent à être punis quand ils se sont mal comportés. C'est de cette façon qu'ils voient qu'on les aime vraiment. » Je comprends comment les gens peuvent être amenés à croire cela, quand ils n'envisagent que deux options : l'ordre ou le chaos. L'anarchie, toute absence d'ordre, est plutôt effrayante. Si des jeunes croient qu'ils peuvent choisir entre la permissivité (dont le résultat est l'anarchie) ou la punition (dont le résultat est l'ordre), j'ai remarqué que même l'élève qui risque d'être le plus battu préférera la baguette au chaos. Mais, heureusement, il existe une troisième possibilité : instaurer des lois et des règlements de façon consensuelle.

Lorsque les règlements sont établis par ceux qui vont en être affectés, plutôt qu'édictés de façon unilatérale par quelque autorité, et que chacun voit que l'intention est de protéger plutôt que de punir, ces règles ont plus de chances d'être respectées. Cela est vrai quel que soit l'âge des personnes concernées. Voyez combien d'adultes font de l'excès de vitesse sur les autoroutes !

La médiation

Si, lors d'un conflit dans une salle de classe, les participants ne possèdent pas les compétences en communication nécessaires pour le résoudre, on peut faire appel à des tiers qui joueront le rôle de médiateurs. Par exemple, dans une école israélienne où l'on applique les principes de l'Éducation au service de la vie décrits dans ce livre, j'ai observé deux garçons de dix ans réclamer un «faiseur de paix» (c'est le nom donné aux médiateurs dans cette école). Ils s'étaient battus sur le terrain de jeu et n'arrivaient pas à résoudre eux-mêmes le problème qui les divisait, alors ils firent le choix de faire appel à un médiateur.

Ce jour-là, le médiateur de service était un garçon de onze ans. Quand chacun fut assis, il s'adressa au premier garçon en lui demandant: «Observations?»

Le premier garçon savait que l'on attendait de lui la description d'un comportement qui n'était pas en harmonie avec ses besoins. Il répondit: «Il m'a jeté à terre sur le terrain de jeu, sans aucune raison.» Le médiateur lui fit alors remarquer que «sans aucune raison» était une évaluation et non une observation. Le garçon se corrigea en disant: «Il m'a jeté à terre sur le terrain de jeu.»

Le médiateur: Sentiments?

Le premier garçon: Je me sens vexé.

Le médiateur: Besoins?

Le premier garçon: J'ai besoin d'être traité avec respect.

Le médiateur: Demandes?

Le premier garçon: Je veux qu'il me dise pourquoi il m'a fait tomber.

Le médiateur se tourna ensuite vers le deuxième garçon et lui demanda de répéter les observations, sentiments, besoins et demandes exprimés par le premier garçon. Ce qu'il fit assez facilement. S'il n'en avait pas été capable, le médiateur aurait su, grâce à sa formation, l'aider à répéter de façon précise les paroles de son camarade. Puis le médiateur vérifia auprès du premier garçon s'il se sentait compris, et ce dernier répondit par l'affirmative.

Se tournant vers le deuxième garçon, le médiateur lui demanda alors de formuler clairement ses observations, sentiments, besoins et demandes, qu'il pria le premier garçon de refléter. Une fois que les deux garçons se sentirent compris l'un par l'autre, le médiateur s'informa pour savoir s'ils se sentaient capables de trouver un moyen de satisfaire leurs besoins mutuels. Quelques minutes seulement furent nécessaires pour qu'ils trouvent une solution qui les satisfasse tous deux.

Pour conclure, le «faiseur de paix» demanda aux deux enfants comment ils se sentaient à présent. Le premier garçon répondit: «Je me sens bien. Il était mon ami avant cet incident, et j'aurais détesté ne plus l'avoir comme ami.» À ce point, les deux garçons et leur médiateur retournèrent en classe.

La CNV dans l'enseignement

«T'ES MORTE!»

La conseillère d'une école secondaire anime un groupe de pratique hebdomadaire de CNV pour les élèves intéressés par le processus. L'une des élèves de ce groupe, Chloé, arrive un matin au bureau de la conseillère dans un état de détresse évident. La conseillère l'invite à s'asseoir et lui demande ce qui la tracasse. Chloé lui explique qu'elle vient de croiser Marie (une élève de l'école, mais qui ne fait pas partie du groupe de CNV) dans le couloir, et que celle-ci l'a regardée droit dans les yeux en lui disant: «T'es morte!» *Chloé révèle qu'elle a déjà eu d'autres altercations avec Marie, mais que celle-ci l'a vraiment effrayée.*

La conseillère : Eh bien… Chloé… je vois que tu trembles…

Chloé (secouant la tête et prenant de profondes inspirations pour se calmer) : Oui… J'ai peur. Et si elle pensait vraiment ce qu'elle dit ?

La conseillère (écoutant avec empathie les sentiments et les besoins de Chloé) : Tu te demandes ce qui se passe en Marie pour qu'elle ait pu te dire une chose pareille ? Et tu voudrais savoir si elle veut vraiment te faire du mal ?

Chloé : Elle le pourrait. Elle a plein d'amies. Et elle avait vraiment l'air furieuse.

La conseillère (essayant d'avoir plus de précisions sur la situation) : Je me demande pourquoi elle a agi ainsi – est-ce que tu as une idée ?

Chloé : Elle est fâchée à cause de quelque chose que j'ai raconté sur elle à d'autres jeunes.

La conseillère : Oh oh…

Chloé : C'est vrai, j'ai dit des choses… Mais elle a dit des choses sur moi aussi. Un tas de choses ! *(soudain en colère)* Elle n'a pas le droit de me menacer de mort !

La conseillère (à l'écoute des sentiments qui se cachent sous la colère de Chloé) : Ça t'a vraiment fait peur d'entendre ça et de te dire qu'elle pense peut-être ce qu'elle t'a dit ?

Chloé : Oui. Je ne veux pas qu'on me fasse du mal.

La conseillère : Oui… *(reflétant maintenant le besoin de Chloé)* tu veux être en sécurité.

Chloé : Oui. Je veux juste vivre ma vie, venir à l'école sans avoir à regarder tout le temps derrière moi.

La conseillère : On dirait que tu veux te sentir suffisamment en sécurité pour pouvoir te concentrer sur d'autres choses à l'école que ta sécurité… comme ton travail scolaire, tes amies, le basket… ?

Chloé : Oui. Quelle perte de temps ! Je ne sais pas comment on a pu en arriver là ! Je sais que c'est en partie ma faute parce que j'ai dit des horreurs sur son compte. Je ne sais pas pourquoi j'ai fait ça. C'est stupide.

La conseillère (traduisant le jugement de Chloé en sentiment et en besoin) : Il semble que tu regrettes d'avoir agi comme tu l'as fait et que tu voudrais faire autrement à l'avenir ?

Chloé : Oui. Je ne veux plus faire de commérages. Ça fait de la peine à tout le monde. Marie aussi parle dans mon dos et je déteste ça.

La conseillère : On dirait que tu comprends combien c'est douloureux pour chacune, lorsque des personnes parlent l'une de l'autre de cette façon-là ?

Chloé (hochant la tête) : Oui. Je veux vraiment que ça s'arrête.

La conseillère (remarquant que Chloé s'est détendue après avoir bénéficié de son empathie, elle se permet d'exprimer ses propres sentiments et besoins) : En t'entendant dire ça, je me sens soulagée et assez enthousiaste, car je suis sûre que tu peux mettre fin à ce conflit avec Marie en changeant ta façon d'agir, en employant tes mots pour guérir et non pour blesser. Cela commence, comme tu le sais, par un désir d'établir le contact. Alors je me demande si tu serais prête à essayer de nouer ce lien avec Marie aujourd'hui ? Ou as-tu besoin de plus de compréhension avant ?

Chloé (réfléchit un moment pour voir ce qui se passe en elle) : Je pense que je suis prête. J'ai peur, cependant, d'aller lui parler. J'aimerais que vous soyez présente.

La conseillère : J'ai bien envie d'être là. J'ai envie de t'entendre lui dire tes sentiments et ce que tu veux, juste comme tu viens de le faire avec moi. Et je parie qu'elle aura besoin d'empathie, avant de pouvoir t'écouter vraiment. Es-tu prête à te relier à ses sentiments et à ses besoins ?

Chloé : J'ai envie d'essayer.

Plus tard le même jour, la conseillère organise une rencontre dans son bureau entre Chloé et Marie. Chloé arrive la première et est déjà assise quand Marie fait son entrée. Cette dernière foudroie Chloé du regard, puis s'assied sur une chaise en face d'elle, le dos voûté, les bras croisés, et le regard fixé au sol.

La conseillère : Je suis heureuse que vous ayez pu venir toutes les deux. Je suppose que vous vous sentez un peu anxieuses d'être là, l'une en face de l'autre, et que vous vous demandez comment cela va se passer ? *(regardant Marie)* Marie, j'aimerais d'abord t'expliquer ce qui s'est passé. Ce matin, Chloé est venue me voir pour avoir un peu d'empathie, car elle était très bouleversée par ce qui se passe entre vous. Après avoir reçu l'empathie dont elle avait besoin, elle m'a dit qu'elle souhaitait te parler. Elle m'a demandé d'être présente afin de vous aider chacune à entendre l'autre comme vous souhaitez l'être. De vous aider à aller jusqu'à vos sentiments et vos besoins profonds. La façon dont je fais cela est de traduire tout ce qui peut ressembler à des reproches et à des critiques en sentiments et en besoins dans le moment présent. Comment vois-tu cela, jusqu'ici ?

Marie (tête toujours baissée) : D'accord.

La conseillère : Formidable. Je souhaite que chacune de nous se sente en sécurité, donc, s'il vous plaît, exprimez-vous si à un quelconque moment vous vous sentez mal à l'aise avec ce qui est en train de se passer. D'accord ? *(Voyant les deux jeunes filles hocher la tête affirmativement, la conseillère se tourne vers Chloé.)* Alors, Chloé, peux-tu dire à Marie ce que tu ressens et les besoins que tu as ?

Chloé (regardant Marie) : Marie… J'ai un peu peur juste maintenant, mais pas autant que ce matin, dans le couloir, quand tu m'as dit : « T'es morte ! » Je suis venue voir Paula *(la conseillère)* parce qu'elle m'aide à y voir plus clair en m'écoutant. Ce que je sais maintenant, c'est que je veux vraiment qu'on arrête cette guerre entre nous.

La conseillère (rappelant à Chloé de faire à présent une demande, afin de voir comment Marie a reçu son message) : Alors, Chloé, qu'aimerais-tu de la part de Marie, par rapport à ce que tu viens de lui dire ?

Chloé (à Marie) : Je pense que j'aimerais savoir ce que tu ressens quand tu m'entends dire cela.

Marie (regardant Chloé dans les yeux pour la première fois) : Ce que tu as dit de moi était un mensonge, et maintenant tout le monde le croit.

[Note : la réponse de Marie ne répond pas à la question de Chloé à propos de ce qu'elle ressent. Au lieu de cela, Marie exprime sa peine, montrant ainsi clairement qu'elle a d'abord besoin d'empathie.]

Chloé (passant de l'expression à l'écoute) : Il semble que tu es en colère au sujet de ce que j'ai dit. Tu voudrais que les autres sachent la vérité et cessent de croire des choses fausses à ton sujet.

Marie : Oui. Les autres sont fâchés avec moi, y compris mon copain, à cause de ce que tu as dit.

Chloé : C'est affreux quand des proches se fâchent avec nous. Et c'est frustrant quand c'est au sujet de quelque chose qui n'est pas vrai, n'est-ce pas ?

Marie : Oui. Pourquoi as-tu dit ça, d'ailleurs ?

Chloé (prenant deux profondes respirations pour mettre son attention en elle-même) : Je ne savais pas si c'était vrai ou pas, ce que j'ai dit sur toi. Pourquoi je l'ai dit ? Je crois que j'étais profondément blessée, à cause de ce que tu avais raconté et de la façon dont nous étions l'une avec l'autre. Quand je l'ai dit, je voulais seulement que tu aies mal toi aussi... Tu vois ce que je veux dire ?

Marie: Oui. Je sais comment on se sent quand on a mal, et qu'on veut faire mal à l'autre en retour. On se sent mieux... pendant un moment.

Chloé: Oui, je me sens vraiment triste par rapport à toute cette souffrance pour toutes les deux. Si seulement je n'avais pas dit ça... et d'autres choses aussi, d'ailleurs. J'aimerais qu'on arrête la bagarre et qu'on essaie de s'entendre.

Marie : Alors que comptes-tu faire à propos des mensonges que tu as racontés et que les autres croient ?

Chloé : Est-ce que tu aimerais qu'on cherche comment réparer tout ça ?

Marie : Oui. Tu crois qu'on peut vraiment le faire ?

Chloé (souriant maintenant, les larmes aux yeux) : Oui. Je le crois vraiment.

Ce dialogue démontre comment une situation très « chargée » et potentiellement dangereuse peut être désamorcée grâce à quelques interactions empreintes d'honnêteté et d'empathie. Le niveau de confiance et de lien qui a été créé dans cette conversation entre Chloé et Marie est courant dans les dialogues en CNV. Il arrive cependant que, dans certaines situations, le processus prenne un peu plus de temps et nécessite davantage d'échanges. Comme on peut le voir ici, le lien peut s'établir même quand seul l'un des participants au dialogue est familiarisé avec la CNV.

Éviter de porter des jugements moralisateurs et de poser des diagnostics

Le processus de communication qui donne le pouvoir de résoudre les conflits en permettant que les besoins de chacun soient assouvis est entravé par les enseignants que le système de domination a éduqués à porter des jugements moralisateurs et à poser des diagnostics sur les élèves. Les jugements moraux et les diagnostics laissent entendre que quelque chose va de travers chez les élèves qui n'apprennent pas, ne coopèrent pas ou, d'une façon ou d'une autre, ne parviennent pas à agir en harmonie avec les besoins de leur professeur.

J'ai relevé cinq catégories de diagnostics couramment utilisés par des enseignants pour expliquer le comportement d'élèves qui ne se tiennent pas en classe comme ils le voudraient.

1re catégorie : « Souffre d'un handicap de l'apprentissage » ou « A des besoins particuliers »
J'entends des enseignants utiliser ce diagnostic pour décrire des élèves qui, selon eux, sont incapables d'apprendre, ou bien n'apprennent pas aussi rapidement que ce qu'ils souhaiteraient.

2e catégorie : « Souffre de troubles du comportement »
J'entends des enseignants utiliser ce diagnostic pour décrire des élèves qui, selon eux, sont capables d'apprendre, mais ne possèdent pas la motivation ou le contrôle de soi nécessaire pour le faire. Ils sous-entendent souvent que ces jeunes n'ont pas été suffisamment disciplinés à la maison, et qu'ils sont devenus des « caractériels ».

3e catégorie : « Est émotionnellement perturbé »
J'ai entendu des enseignants utiliser ce diagnostic pour décrire des élèves qui, selon eux, ont la capacité d'apprendre, mais qui souffrent de pathologies émotionnelles les empêchant d'étudier, du fait qu'ils vivent dans des « familles à problèmes ».

4e catégorie : « Est défavorisé culturellement »
J'ai entendu des enseignants utiliser ce diagnostic pour décrire des élèves qui, selon eux, ont les capacités intellectuelles nécessaires pour apprendre, mais que leur milieu culturel n'a pas suffisamment préparés pour avoir de bons résultats à l'école.

5e catégorie : « Est hyperactif – Souffre d'un déficit de l'attention »
J'ai entendu des enseignants utiliser ce diagnostic pour décrire des élèves qui possèdent de l'énergie en abondance et semblent incapables de se concentrer sur un sujet quelconque pendant une période de temps prolongée.

Certains élèves arrivent dans la classe d'un enseignant en ayant déjà ce type d'étiquette. Des parents envoient leur enfant à l'école maternelle avec du Ritalin dans leur cartable, parce qu'il a été catalogué à la garderie comme «hyperactif ayant un déficit de l'attention».

Celui qui a traversé des années scolaires semblables aux miennes en arrivera, peut-être, à penser qu'il existe réellement des élèves ayant des «besoins particuliers», et qu'être bon ou nul en math ou bon ou mauvais en lecture est une réalité objective. Tant de bons élèves ont une image négative d'eux-mêmes qu'ils s'inquiètent: «Est-ce que les gens me trouvent bête?»

Lorsque notre conscience est à ce point focalisée sur ce que les gens pensent de nous, et sur ce que nous pensons de nous-mêmes quand nous commettons des erreurs, alors n'importe quelle sorte d'apprentissage fait peur. C'est pour cela que près de 15% des élèves opte pour la philosophie «en dormant par terre, tu ne risques pas de tomber du lit». La plupart de ceux qui travaillent en dessous de leurs possibilités craignent en fait tellement de ne pas faire les choses correctement qu'ils trouvent plus facile et moins risqué de ne rien faire du tout.

Je suis d'accord avec Kenneth Clark quand il remarque que ces types de diagnostics conduisent fréquemment à des prédictions qui se réalisent.

«[...] Une fois que l'on organise un système d'éducation dans lequel les enfants sont placés sur des rails, ou lorsque certains jugements sur leurs capacités déterminent ce qu'on va faire pour eux et ce que l'on va ou pas leur enseigner, l'horreur est que les résultats semblent justifier ces suppositions.

«L'utilisation de tests d'intelligence pour étiqueter un enfant à vie, pour déterminer les modalités d'un enseignement basé sur des voies toutes tracées et sur le regroupement d'enfants au profil homogène fait peser sur notre système scolaire le poids d'une hiérarchie sociale intolérable et non démocratique, et met en échec l'intention première de l'instruction publique. Ces tests induisent et perpétuent la pathologie même à laquelle ils prétendent remédier. Les enfants qui sont traités comme étant impossibles à éduquer finissent presque invariablement par le devenir... Beaucoup d'enfants sont maintenant systématiquement catalogués, classifiés par groupes, étiquetés comme "lents à apprendre", "aptes à l'apprentissage", "inaptes à l'apprentissage", "de niveau A", "de niveau B", "Chatons", "Petits Lapins", etc. Mais tout cela s'ajoute au fait qu'on ne leur enseigne rien, et que, ne recevant pas d'enseignement, ils échouent[3]. »

Lorsque de tels diagnostics sont posés, je crois que cela n'encourage guère les enseignants à envisager la possibilité de développer des stratégies constructives. En fait, un autre des dangers que je perçois dans ces diagnostics est la supposition non avouée que l'enseignant, pour se préserver d'être débordé, doit « refiler le problème » à d'autres. Par exemple, lorsque des enfants ont été catalogués comme des « handicapés de l'apprentissage », une conséquence fréquente est qu'il va être nécessaire de les envoyer vers un éducateur spécialisé, mieux préparé à l'accompagnement de ce type d'élèves.

Quand des élèves sont étiquetés comme « émotionnellement perturbés », une conséquence fréquente est de les envoyer à une assistante sociale, une psychologue ou un psychiatre, dont la mission est de les aider à résoudre leurs problèmes, afin qu'ils puissent revenir dans leur classe, prêts à étudier. Si les enseignants bénéficiaient du soutien d'un système valorisant de tels efforts, ils pourraient se sentir pleinement autorisés à créer un environnement d'apprentissage positif répondant à tout un éventail de besoins chez leurs élèves.

3. Kenneth CLARK, *Dark Ghetto*, Harper & Row, New York, 1965.

L'usage protecteur de la force

Lorsque, dans une situation de conflit, les enseignants et les élèves sont capables de se mettre en lien de façon empathique avec les sentiments et les besoins les uns des autres, en général une solution est trouvée, dans laquelle les besoins de chacune des parties sont satisfaits. Ou, au pire, les parties peuvent accepter, dans un esprit de bienveillance mutuelle, le fait d'être en désaccord.

Certaines situations n'offrent en revanche aucune possibilité de s'engager dans un tel dialogue, et l'usage de la force peut s'avérer nécessaire pour protéger la vie ou les droits de l'individu. Par exemple, si un enseignant souhaite intervenir auprès d'élèves en train de faire une chose qui pourrait se révéler dangereuse pour eux ou pour des tiers, et que ces élèves refusent toute discussion. Ou encore, s'il y a menace imminente de blessure envers quelqu'un ou d'atteinte à la propriété, et que le temps manque pour communiquer. Dans ce type de situations, l'enseignant peut choisir de recourir à la force. Si tel est le cas, il est important que l'enseignant connaisse la différence entre l'usage de la force dans le but de protéger et son usage dans le but de punir.

Une façon de faire la différence entre l'usage protecteur et l'usage répressif de la force est d'examiner ce que la personne qui l'utilise est en train de penser. Une personne utilisant la force dans un but de protection n'est pas en train de juger l'autre selon des critères moraux. Au contraire, sa pensée est tournée vers la préservation de son bien-être ou de celui d'autrui.

Par exemple, si un jeune élève s'apprête à traverser la rue en courant, sans regarder, et qu'une voiture arrive, l'attention de l'enseignant qui a recours à la force protectrice, en retenant l'élève pour l'empêcher de se faire écraser, est uniquement orientée vers sa sauvegarde. Cela peut être fait sans l'utilisation de la force punitive ; celle-ci pourrait prendre la forme de coups assénés à l'enfant, ou d'une attaque psychologique telle que: «Mais qu'est-ce qui te prend? Comment peux-tu être aussi stupide?» ou encore: «Tu devrais avoir honte de toi!»

L'action punitive est fondée sur la supposition que les enfants qui font des choses nuisibles, à eux-mêmes ou à d'autres, sont méchants et qu'en grandissant cela ne va qu'empirer. La conséquence de cette façon de penser est que, pour remédier à la situation, il est nécessaire de faire réaliser son erreur au fautif, de le pousser au repentir, de le faire changer par le biais de quelque action punitive. Or, en pratique, les choses se passent rarement de la sorte. L'action punitive, plutôt que de susciter le repentir et la prise de conscience, conduit davantage à générer de l'hostilité et du ressentiment chez le fautif, et à renforcer chez lui la résistance à tout changement de comportement.

L'usage protecteur de la force se base sur le présupposé que c'est par ignorance que les individus adoptent des comportements dangereux pour eux-mêmes et pour autrui. Cette ignorance peut se manifester sous diverses formes: l'individu ne se rend pas compte des conséquences de ses actes sur autrui; il ne voit pas comment satisfaire ses propres besoins sans porter préjudice à ceux des autres; sa culture légitime la violation des besoins d'autrui (par exemple, en justifiant la croyance que d'autres méritent de souffrir pour ce qu'ils ont fait).

Un autre moyen de faire la différence entre l'usage protecteur de la force et son usage punitif est d'être attentif à l'intention de la personne qui y a recours. L'intention de la personne qui utilise la force protectrice est d'éviter les dommages corporels ou la violation des droits de quelqu'un. En revanche, l'intention qui se cache derrière l'usage de la force punitive est de faire souffrir l'individu pour ce que l'on considère comme ses méfaits.

Exercice n° 7

Différencier l'usage protecteur de la force de l'usage punitif de la force

Une distinction cruciale entre l'usage de la force dans un but de protection et l'usage de la force pour réprimer est que l'unique intention de la personne qui a recours à la force protectrice est de préserver, alors que l'intention de la personne qui se sert de la force répressive est de punir (en menaçant d'un châtiment physique, en l'infligeant, en s'efforçant d'induire chez l'autre un sentiment de honte ou de culpabilité). Lisez les exemples qui suivent et encerclez le chiffre qui se trouve au début des phrases dans lesquelles l'action entreprise par un professeur est une illustration claire de l'usage protecteur de la force.

1. Lors de la pause du déjeuner, le professeur voit un élève frapper un de ses camarades. Craignant que quelqu'un soit blessé, l'enseignant dit à l'assaillant de se rendre immédiatement dans le bureau du directeur et d'y attendre ce dernier afin qu'ils puissent discuter ensemble de l'incident.
2. Un professeur pose une question à un élève, qui ne répond pas. L'enseignant se dit alors: «Quelle grossièreté! Je vais lui montrer...!» et il garde l'élève en retenue après la classe.
3. Un parent d'élève est venu en classe pour montrer les diapositives de leur voyage familial au Brésil. Pendant la projection, une enfant fait des sons bruyants, attirant l'attention des autres, et cela même après avoir été rappelée plusieurs fois à l'ordre par l'enseignant. Ce dernier, se sentant frustré et voulant que le reste de la classe puisse profiter de la projection, demande à l'élève d'aller s'asseoir dans le hall jusqu'à ce que la séance soit terminée.

4. Une enseignante aperçoit un groupe d'élèves se poussant les uns les autres avec des bâtons, et elle leur dit: «Arrêtez immédiatement, avant que quelqu'un ne se blesse! Je veux que vous veniez vous asseoir jusqu'à ce que vous ayez trouvé une façon de jouer ensemble sans risque de vous faire du mal.»
5. Un professeur dit à un élève: «Toute la semaine je t'ai demandé d'arrêter de jeter cette balle sur les autres, or je vois que tu continues. Tu passeras les deux prochaines récréations dans la classe à nettoyer le tableau.»
6. Une enseignante quitte sa classe pendant cinq minutes et, à son retour, elle voit les élèves courir en tous sens au lieu d'être assis à leurs pupitres, en train de lire comme elle le leur avait demandé. Elle leur dit: «Comme vous ne semblez pas savoir comment rester assis à vos places, vous vous entraînerez en restant ici pendant les dix premières minutes de la pause de midi.»
7. Une enseignante dit à ses élèves qu'elle est très déçue du nombre élevé de notes médiocres lors du dernier examen. Elle rend alors à chaque élève sa copie, en énonçant les résultats à haute voix. Elle fait un hochement de tête désapprobateur chaque fois qu'elle rend une des copies ayant les notes les plus basses de la classe.
8. Un élève court à toutes jambes dans le hall et heurte une enseignante sur son chemin. Cette dernière l'intercepte et lui demande de s'asseoir. Puis elle lui explique la raison pour laquelle il existe un règlement qui interdit de courir, en citant les blessures qui ont été causées par quelqu'un qui courait dans les couloirs.

VOICI MES RÉPONSES À L'EXERCICE N° 7 :

1. Si vous avez encerclé ce chiffre, nous sommes d'accord : le professeur qui fait face à cette situation utilise son pouvoir pour protéger et non pour punir – en supposant qu'il a confiance dans le fait que le directeur ne punira pas l'enfant.
2. Si vous avez encerclé ce chiffre, nous ne sommes pas d'accord. Les pensées du professeur révèlent le type de jugement qui est généralement associé à l'intention de punir.
3. Si vous avez encerclé ce chiffre, nous ne sommes pas d'accord. Cela n'est pas un exemple clair de l'usage protecteur de la force. Au vu des informations données, je ne peux me prononcer sur les intentions de l'enseignant.
4. Si vous avez encerclé ce chiffre, nous sommes d'accord, il s'agit ici d'un exemple de recours à la force protectrice.
5. Si vous avez encerclé ce chiffre, nous ne sommes pas d'accord. Je manque d'informations pour voir clairement l'intention du professeur ; mais je suppose que son intention est de punir l'élève.
6. Si vous avez encerclé ce chiffre, nous ne sommes pas d'accord. Comme dans la situation précédente, les intentions de l'enseignante ne sont pas claires, et je suppose également que son intention est de punir.
7. Si vous avez encerclé ce chiffre, nous ne sommes pas d'accord : cela n'est pas un exemple d'usage protecteur de la force. En annonçant les résultats à voix haute et en allant jusqu'à exprimer sa désapprobation aux élèves dont les notes sont basses, je me dis que l'enseignante tente de les punir en leur faisant honte.
8. Si vous avez encerclé ce chiffre, nous sommes d'accord. L'intention de l'enseignante est cohérente avec l'usage protecteur de la force.

Mettre des équipes de soutien sur pied

La plupart des gens aux États-Unis sont très conscients des inégalités et des carences de nos écoles publiques, qui semblent vouloir que nos enfants «défavorisés» le restent; écoles d'où les élèves sortent sans savoir vraiment lire, sans les qualifications nécessaires pour se faire embaucher, destinés à une vie de pauvreté ou d'activités criminelles – si tant est qu'ils y terminent leur scolarité! De temps à autre, on réclame une réforme de l'enseignement, puis l'élan retombe; rarement les revendications ont été aussi fortes qu'en ce moment.

Une de mes erreurs a été de croire que tout ce qui était à faire, c'était de créer une école dans laquelle les élèves auraient la possibilité d'acquérir plus rapidement un plus grand nombre de compétences académiques, une école dans laquelle il y aurait moins de violence et plus de coopération. Tout le monde s'écrierait: «Hé, regardez ce programme! C'est exactement ce qu'il nous faut!»

Il peut s'avérer cependant nécessaire, une fois que des programmes tels que ceux proposés dans cet ouvrage ont été créés, de mettre sur pied des équipes pour leur permettre de survivre. Il y a bien des chances que les écoles et classes au service de la vie aient à lutter au sein de systèmes scolaires dont l'intention n'est malheureusement pas de les soutenir. Le but de tout système de domination, que ce soit volontairement ou pas, est de perpétuer le statu quo, c'est-à-dire un système économique dans lequel une poignée d'individus préservent leurs richesses et leurs privilèges, tandis que d'autres sont condamnés à vivre dans une pauvreté endémique ou une quasi-pauvreté.

À long terme, de tels systèmes ne répondront pas de façon positive aux innovations pédagogiques que je propose. On peut envisager de mettre en route de nouveaux programmes d'enseignement, mais si des équipes permanentes ne sont pas constituées pour les soutenir, il est vraisemblable que les écoles fassent rapidement marche arrière pour revenir aux structures et méthodes antérieures.

Si vous lisez les livres de Michael Katz (par exemple *The Irony of School Reform in America*[4]), vous comprendrez pourquoi. En effet, si nous nous contentons de changer de système pédagogique, c'est que nous ne voyons pas l'image globale. Selon lui, nous répéterons simplement ce que les mouvements de réforme ont fait depuis les débuts de l'enseignement public aux États-Unis : créer de nouveaux programmes qui fonctionnent mieux que les anciens, mais qui disparaissent au bout de cinq ans.

Katz explique que le problème des réformateurs scolaires est qu'ils partent de la présupposition que seul le système éducatif a besoin d'être transformé. Cela révèle un manque de sophistication politique. Ils voient en quoi les écoles dysfonctionnent, mais sans être conscients du fait qu'elles correspondent à ce pour quoi elles ont été conçues : 1) pour maintenir un système de caste (les enfants des classes privilégiées entrent à l'école beaucoup mieux préparés, et ont, dès lors, plus de chances de réussir que leurs camarades moins bien nantis) ; 2) pour apprendre aux élèves à travailler pour l'obtention de récompenses extrinsèques (travailler pour avoir de bonnes notes, plutôt qu'évaluer si ce qui est appris est au service de leur vie – ce qu'ils reproduiront ensuite avec leurs salaires) ; et, par-dessus tout, 3) pour perpétuer l'idée de la soumission à l'autorité.

Posez la question à autant d'enseignants que je l'ai fait moi-même : « Quel est le critère de base selon lequel on vous évalue ? », et ils vous répondront : « La tranquillité et l'ordre en classe. » C'est l'objectif numéro un. Dernièrement, nous avons entendu réclamer plus de responsabilité personnelle et l'obtention de meilleurs résultats pour la vérification des acquis, mais l'opinion de la majorité est encore que ces objectifs ne peuvent être atteints que dans des classes calmes.

4. Michael KATZ, *The Irony of Early School Reform : Educational Innovation in Mid-Nineteenth Century Massachusetts*, Harvard University Press, Cambridge, 1968.

Ainsi tous les réformateurs, en dépit de leur philosophie éducative, évaluent les programmes scolaires à partir de leur perspective de pédagogues. N'ayant pas de vision politique en la matière, ils ne réalisent pas que l'instruction publique aux États-Unis a été conçue dans le but d'éduquer les individus à s'ajuster et à se conformer aux organisations économiques et gouvernementales de domination, qui contrôlent les établissements scolaires. Toute réforme qui ne reconnaît pas cette vérité fondamentale risque fort d'être vouée à l'échec.

L'importance de constituer une équipe pour apporter du soutien à une école au service de la vie m'est apparue dans toute son évidence lors d'un projet scolaire auquel j'ai participé à Rockford, dans l'Illinois. C'était la première fois que j'avais la possibilité de contribuer à la création de ce type d'école.

Comme je l'ai mentionné dans l'introduction, un directeur et une directrice d'école, tous deux visionnaires et courageux, rêvaient de mettre sur pied un tel projet pilote, pour faire la démonstration des avantages de ce genre d'établissement sur les écoles traditionnelles. Une fois prouvée l'efficacité de cette démarche, le projet était de répandre des écoles au service de la vie dans l'ensemble du système scolaire.

Des résistances sont apparues peu après le lancement du projet. L'ensemble des personnes concernées n'étaient pas accoutumées à un système scolaire basé sur de telles valeurs. Le directeur et la directrice furent souvent la cible de violentes critiques et de tentatives pour les forcer à démissionner. Heureusement, le projet put continuer, grâce à une équipe de parents et d'enseignants qui s'étaient organisés pour leur apporter du soutien. Je fus invité par ce groupe à donner une formation aux professeurs et à l'équipe des parents afin d'encourager leurs efforts.

Du point de vue pédagogique, l'école avait remporté un franc succès. Les résultats scolaires s'étaient améliorés, le vandalisme et d'autres formes de violence avaient diminué. Pourtant, malgré cette réussite, quatre des personnes élues au conseil d'administration suivant firent campagne pour se débarrasser de l'école en question. Les habitants de la commune étaient apparemment incapables de comprendre qu'une école fonctionne d'une façon aussi radicalement différente de celles qu'ils avaient fréquentées.

L'équipe de parents qui s'était employée à soutenir la création de l'école comprit alors qu'il était nécessaire de continuer à se mobiliser pour la faire durer. Ils organisèrent une rencontre avec les membres du conseil d'administration dans l'espoir de les aider à mieux comprendre les fondements de leur établissement.

Il ne leur fut pas facile d'organiser cette rencontre. Cela prit dix mois! Le président du conseil d'administration refusait de répondre aux messages téléphoniques qui lui étaient laissés ou aux lettres. Heureusement, un des membres de l'équipe connaissait une femme qui appartenait au cercle de ses fréquentations. Les parents expliquèrent le fonctionnement de l'école à cette femme et elle parvint par la suite à obtenir l'accord du président du conseil pour la fameuse rencontre. Cette réunion amena enfin le résultat tant désiré: les membres du conseil décidèrent de soutenir l'école, en dépit du fait qu'ils avaient été élus pour s'en débarrasser. Cela dit, sans cette équipe de parents déterminés, l'école aurait sûrement disparu.

J'étais présent à cette réunion. Un des membres du conseil, médecin très cultivé, et moi avons essayé de comprendre pourquoi notre projet le dérangeait à ce point. Il m'a expliqué qu'il avait été perturbé de constater que «les élèves allaient d'une classe à une autre sans être en rang derrière leur professeur». Je lui demandai de me donner un autre exemple, et il ajouta: «Dans une des classes, j'ai vu des enfants s'amuser à un jeu.» Et puis il prononça ces mots que j'ai si souvent réentendus au cours des années: «Les écoles ne sont pas faites pour le plaisir. On ne peut rien apprendre quand on ne fait que jouer et s'amuser.»

Ce qui se passait là était si éloigné de sa vision de ce que devait être une école ! Nous dûmes tous deux faire preuve de passablement de compréhension avant d'en arriver au point où mon interlocuteur fût d'accord d'apporter son soutien à cette autre sorte d'école.

Transformer nos écoles

Bien que la voie menant à une réforme de l'enseignement soit semée d'embûches, je la vois comme un puissant moyen d'apporter la paix dans le monde. Si les générations futures pouvaient être éduquées dans des écoles structurées de telle sorte qu'on y accorde de la valeur aux besoins de tous, je crois qu'elles seraient davantage en mesure d'engendrer des familles, des lieux de travail et des gouvernements aptes à servir la vie.

Il y a dans notre société un grand nombre de ressources pour épauler ceux qui s'efforcent de transformer leur existence. Je fais la suggestion que les établissements scolaires et d'autres organismes peuvent eux aussi être transformés - par le biais du processus et des principes fondamentaux de la Communication NonViolente. Nous pouvons créer un système contribuant à enrichir la vie, dans lequel chacun de nous aura la chance de faire ce qu'il aime par-dessus tout : améliorer sa vie et celles de ses semblables, en répondant aux besoins de chacun. Quel qu'ait pu être le passé d'une école ou d'un système scolaire, si les élèves, les professeurs, les parents et le personnel de l'administration apprennent à créer entre eux des liens porteurs de vie, ils seront inévitablement à l'origine de communautés qui rendront nos vies plus belles.

De cela, j'ai été témoin plus d'une fois. Quand cela se passe, il n'y a pas de mots pour décrire à quel point c'est beau.

REMERCIEMENTS

Je suis reconnaissant à Bill Page, maître principal, de m'avoir donné il y a plus de trente ans l'occasion de préciser la manière dont j'ai envie de voir enseignants et élèves travailler de concert.

J'ai de la gratitude également vis-à-vis de JoAnn Anderson et Tom Shaheen, à l'époque directeurs d'école à Rockford, dans l'Illinois: ils m'ont offert à la fin des années soixante l'occasion de participer avec eux à la création d'écoles fonctionnant en harmonie avec mes valeurs.

Ces expériences, associées à ma lecture des ouvrages de John Holt, Ivan Illich, John Gatto et Alfie Kohn, ont aiguisé ma conscience de la dimension politique de l'enseignement et accru ma soif de contribuer à des changements radicaux dans ce domaine. Plus récemment, les écrits de Riane Eisler sur le partenariat et l'éducation de domination ont aussi eu sur moi une influence dans ce contexte.

Je remercie de tout cœur mes collègues Miri Shapiro en Israël, Nada Ignjatovic en Serbie, Vilma Costetti en Italie et Rita Herzog aux États-Unis: elles ont démontré ce que chacun de nous peut faire pour transformer des écoles où l'on enseigne la domination en écoles où l'on offre des occasions d'apprendre pour enrichir la vie.

Enfin, j'exprime ma profonde reconnaissance à Kathy Smith qui, avec l'aide de Rita Herzog et de Gary Baran, a révisé ce que j'ai écrit et traduit mon anglais académique en anglais lisible.

Pour terminer, j'aimerais dire ma gratitude aux personnes qui ont œuvré à la traduction française de ce livre. Un grand merci à Kate Marx, Nicole Azincourt, Isabelle Padovani et Anne Bourrit pour le soin qu'elles ont mis à peaufiner la version française de ce texte, ainsi qu'à Florence Richard, Anne van Stappen et Emmanuelle Vidick pour leur travail de relecture.

POUR EN SAVOIR PLUS

The Center for Nonviolent Communication
2428 Foothill Blvd
Suite E, La Crescenta - CA 91214, USA
Tél. +1-818-957-9393
Fax +1-818-957-1424
Site web : www.cnvc.org <http://www.cnvc.org>

Réseau Girafes Québec
Tél. +1 514 878 0990
reseaugirafesquebec@hotmail.com
www.reseaugirafesquebec.com <http://www.reseaugirafesquebec.com>

Concertation pour la Communication NonViolente
Contact : Vincent HOUBA
La Campagne 13
BE - 5150 FLOREFFE
Tél. +32 81 44 67 53
vincent.houba@quattroconcept.be
www.nvc-europe.org/belgique <http://www.nvc-europe.org/belgique>

Association pour la Communication NonViolente
13 bis, boulevard St-Martin
FR - 75003 Paris, France
Tél. +33 1 48 04 98 07
acnvfrance@wanadoo.fr
www.nvc-europe.org/france <http://www.nvc-europe.org/france>

Association pour la Communication NonViolente en Suisse romande
Chemin de la Grangette 19
CH - 1010 Lausanne, Suisse
Tél. + 41 21 653 16 77
cnvsuisse@hotmail.com
www.nvc-europe.org/suisse <http://www.nvc-europe.org/suisse>

TABLE DES MATIÈRES

DANS LA MÊME COLLECTION

Développez l'estime de soi de votre enfant, Carl Pickhardt, 2001

Interprétez les rêves de votre enfant, Laurent Lachance, 2001

L'enfant en colère, Tim Murphy en collaboration avec Loriann Hoff Oberlin, 2002

L'enfant dictateur, Fred G. Gosman, 2002

Ces enfants que l'on veut parfaits, Dr Elisabeth Guthrie et Kathy Matthews, 2002

L'enfant souffre-douleur, Maria G. R. Robichaud, 2003

Parent responsable, enfant équilibré, François Dumesnil, 2003

Éduquer sans punir, Dr Thomas Gordon, 2003

Ces enfants qui remettent tout à demain, Rita Emmett, 2003

Questions de parents responsables, François Dumesnil, 2004

Mon ado me rend fou !, Michael J. Bradley, 2004

L'enfance du bonheur, Dr Edward M. Hallowell, 2005

L'enfant qui dit non, Jerry Wyckoff et Barbara C. Unell, 2005

Comment se faire obéir des enfants sans frapper et sans crier, Jerry Wyckoff et Barbara C. Unell, 2005

Retrouver son rôle de parent, Gordon Neufeld et Dr Gabor Maté, 2005

Avec mon enfant, je positive !, Brigitte Pujos, 2005

Enfant automate ou enfant autonome ?, Diane Daniel, 2005

L'enfant sous pression, Donna G. Corwin, 2006

L'enfant impulsif, Dr Guy Falardeau avec la collaboration de Alain Caron, 2006

Des mots d'ados, Étienne Gaudet, 2006

Aider l'enfant dépressif, Martha Underwood Barnard, 2006

PARUS CHEZ LE MÊME ÉDITEUR

Achevé d'imprimer au Canada
sur les presses de Quebecor World St-Romuald